HIDROPONÍA

Avalado por el
Centro de Estudios Agropecuarios

HIDROPONÍA

EDITORIAL
TRILLAS

México, Argentina, España,
Colombia, Puerto Rico, Venezuela

Catalogación en la fuente

Trillas
    Hidroponía. -- México : Trillas, 2019.
    126 p. : il. ; 23 cm. -- (Negocios agropecuarios)
    Bibliografía: p. 123
    ISBN 978-607-17-3594-2

    1. Plantas - Cultivo sin tierra. I. t. II. Ser.

D- 631.585'T837h   LC- 5B126.5'T7.4

División Administrativa,
Av. Río Churubusco 385,
Col. Gral. Pedro María Anaya,
C. P. 03340, México, Ciudad de México
Tel. 56884233, FAX 56041364
churubusco@trillas.mx

División Logística,
Calzada de la Viga 1132,
C. P. 09439, México, Ciudad de México
Tel. 56330995
FAX 56330870
laviga@trillas.mx

Tienda en línea
www.etrillas.mx

Miembro de la Cámara Nacional de
la Industria Editorial Mexicana
Reg. núm. 158

Primera edición, enero 2019
ISBN 978-607-17-3594-2

Impreso en México
Printed in Mexico

Presentación

SERIE NEGOCIOS AGROPECUARIOS

Los productos agropecuarios son base en la alimentación de todos los seres humanos; esenciales para el crecimiento y desarrollo nutrimental óptimos en la sociedad.

Con respecto a la situación económica y la intensa competencia, quienes se dedican a producir los alimentos deben depurar sus acciones y aumentar su calidad, para que sean mejores y más accesibles.

Esta situación de mercado representa una gran oportunidad para emprendedores, microempresarios o pequeñas sociedades, las cuales deben aprovechar, ya que hay posibilidades en los mercados locales, regionales, nacionales e incluso internacionales. Para ello, deben estar lo mejor preparados y capacitados, con el objetivo de instaurar y desarrollar un negocio rentable que brinde los mejores productos para el consumo humano.

La serie **Negocios agropecuarios** contiene la información necesaria, para que una vez que se comprenda y aplique, permita a los interesados comenzar un negocio para la elaboración de productos animales o agrícolas, con el cual será posible obtener ingresos. Esta serie abarca una gran variedad de temas, tales como:

- Crianza de bovinos de leche y carne, ovinos, cerdos, aves de postura y engorda, gallos de pelea, pavos, etcétera
- Cultivos de papa y árboles frutales
- Elaboración de productos cárnicos, lácteos y conservas

El lector tiene a su disposición la información técnica y financiera acerca de dichos temas; esto le ayudará a tomar las mejores decisiones en aspectos como: qué se necesita para iniciar un negocio, definición de objetivos, con cuántos animales comenzar, instalaciones más idóneas, producción esperada, ventas y costos; cómo y cuándo saber si el negocio es redituable, qué es el punto de equilibrio, así como una capacitación y profesionalización exitosa. Con ello puede desarrollar una empresa familiar, micro, mediana o grande con las mejores expectativas posibles.

Por consiguiente, dentro de la serie **Negocios agropecuarios,** *Hidroponía,* le permitirá hacer una inversión de dinero y tiempo, que será generadora de ingresos, permitiendo crecer aún más, si así lo desea. También incluye información acerca de los sistemas hidropónicos, las instalaciones, la siembra, el trasplante, los sustratos y las soluciones nutritivas, así como aspectos sanitarios como enfermedades y plagas. Además, la información de la administración hará posible que usted pueda obtener el mayor provecho de este negocio.

EDITORIAL TRILLAS

Índice de contenido

Presentación   5

Antes de iniciar   9

Hidroponía   9
Historia de la hidroponía   14
Ventajas y desventajas de la hidroponía   21
Instalaciones y equipos   22

Cómo empezar   35

Definición del proyecto   35
Compras   36
Sistemas de cultivo hidropónico   37
Solución nutritiva   47

Manejo del cultivo   57

Siembra   57
Riego   68
Controles de cultivo   70

Cultivos hidropónicos hortícolas   75

Requerimientos del cultivo   76
Medio ambiente   81
Nutrientes   86
Otros requerimientos   89

Sanidad   93

Enfermedades nutricionales   93
Plagas   96
Enfermedades por hongos y bacterias   101
Desinfección de los sustratos   102
Leyes, normas y reglamentos   103

Manejo del negocio   105

Introducción   105
Administración   106

Profesionalización   113

Glosario   117

Bibliografía recomendada   123

Direcciones electrónicas útiles   125

Antes de iniciar

HIDROPONÍA

El término hidroponía deriva de las palabras griegas *hydro* (agua) y *ponos* (trabajo), trabajo en agua, que hace referencia al empleo de soluciones de agua y sales minerales para el cultivo de plantas sin el uso de tierra, ni otra materia orgánica.

La notable versatilidad de los cultivos hidropónicos, combinada con los excelentes resultados que se obtienen en cualquier latitud y en todo tipo de espacio, ha hecho de este sistema el ideal para un amplio espectro de situaciones.

Con un suministro de agua mínimo y fertilizantes, las unidades de cultivo hidropónico, tanto grandes como pequeñas, pueden utilizarlas personas que viven en zonas áridas e infértiles.

La hidroponía permite producir en pequeños espacios, con un reducido consumo de agua y pequeños trabajos físicos, abundantes hortalizas frescas y sanas; aprovecha, en muchas ocasiones, elementos desechados, que de no ser utilizados causarían contaminación.

La productividad potencial de los cultivos hidropónicos, cuando se realizan en condiciones tecnológicas óptimas, es superior a la que se obtiene mediante los sistemas tradicionales.

El concepto hidropónico se utiliza actualmente en tres niveles distintos, de acuerdo con el interlocutor, cada uno de los cuales engloba al anterior:

1. *Cultivo hidropónico.* Según la tendencia mayoritaria, se utiliza para referirse al cultivo en agua (acuicultura) o en sustratos sólidos, más o menos inertes y porosos, a través de los cuales se hace circular la disolución nutritiva.
2. *Cultivo hidropónico puro.* Es aquel en el que, mediante un sistema adecuado de sujeción, la planta desarrolla sus raíces en medio líquido (agua con nutrientes disueltos), sin ningún tipo de sustrato sólido.
3. *Cultivo hidropónico.* En su concepción más amplia, engloba todo sistema de cultivo en el que las plantas completan su ciclo vegetativo sin la necesidad de emplear el suelo y absorben la nutrición hídrica y mineral mediante una solución en la que van disueltos los diferentes nutrientes.

En las unidades hidropónicas, las plantas se desarrollan porque reciben una nutrición óptima y condiciones ideales, ya sea a nivel casero o comercial.

La hidroponía es un sistema eficiente para producir verduras, frutas, flores, hierbas aromáticas, ornamentales, etc., de excelente calidad; en espacios reducidos y sin agredir el medioambiente.

El área total mundial de la producción de cultivos hidropónicos está estimada en alrededor de 12 000 hectáreas (30 000 acres).

Sólo la producción anual de hortalizas es de alrededor de 3 millones de toneladas; cuando se combina con flores cortadas, esto da un valor total sobre los 4 billones de dólares.

Opción para zonas de bajos ingresos

La hidroponía representa una alternativa para comunidades que viven en extrema pobreza, con dificultades para adquirir la canasta mínima básica de hortalizas, que según la Organización Mundial de la Salud (OMS) es de 50 kg por persona al año.

La Organización de las Naciones Unidas para la Agricultura y la Alimentación (FAO, por sus siglas en inglés) es uno de los organismos internacionales que está implantando programas de hidroponía con el objetivo de mejorar la calidad de vida de comunidades marginales.

Actualmente, la FAO impulsa diversos cultivos en espacios de 40 m², dimensión considerada como una unidad económica mínima familiar, en donde puede establecerse el sistema.

El establecimiento de estas unidades de producción se realiza con el apoyo técnico de la FAO y con materiales propios de la región, por lo que las inversiones son mínimas para las personas de escasos recursos.

Hidroponía y generación de empleo

En hidroponía, por lo general, el trabajo comienza de manera informal, es decir, no está vinculada a la seguridad social, impuestos, etc. Sin embargo, después de un periodo relativamente corto se convierte en formal.

La hidroponía puede iniciarse en el fondo de una casa, en un espacio abierto de alguna Organización no Gubernamental (ONG) o también en algún invernáculo de un establecimiento agropecuario. La experiencia indica que la gran mayoría de los emprendimientos tiene sus inicios en no más de 20 m² y es de carácter familiar o grupal.

Así, la generación de empresas, verdaderamente constituidas como tales, hasta ahora carecen de importancia cuantitativa. Sin embargo, el impacto en la generación de empleo es considerablemente positivo.

Está demostrado y verificado que por cada 45 m² de cultivo hidropónico en el ámbito familiar se crea un puesto de trabajo efectivo. En el ámbito empresarial se tiene un indicador bastante diferente; por cada 660 m² de hidroponía se generaría un empleo.

Oportunidades comerciales
en Latinoamérica

La población de América Latina cada vez se está volviendo más escrupulosa y selectiva al comprar sus alimentos, por lo que busca hortalizas de mayor calidad y seguras para la salud. Esto abre las puertas al desarrollo de la hidroponía comercial.

Existen oportunidades de producir hidropónicamente diversos tipos de lechuga, incluyendo la *Baby leaf*, las rojas, la romana y otras. Las lechugas se pueden presentar en bolsas individuales con impresiones a color, lo que ayudará a promover sus ventas por encima del precio promedio de mercado.

En cuanto a los tomates hidropónicos, la producción del tipo ensalada, cherry y en racimo, ofrece una alternativa auspiciosa de negocio. Los tomates deben etiquetarse como cultivados de manera hidropónica y, si es posible introducir exitosamente un manejo integral de plagas, se pueden etiquetar como libres de insecticidas.

Pimientos de tres a cuatro colores empacados en una bandeja de poliestireno, cubiertos con un plástico, pueden llamar la atención de los consumidores.

Los pepinillos europeos, también llamados *Long English* podrían ser un nuevo producto para introducir en el mercado; deben estar herméticamente empacados y etiquetados.

Los germinados de frijolito verde, alfalfa y varias mezclas con alfalfa necesitan introducirse a gran escala; todos tienen que estar empacados apropiadamente, con una etiqueta atractiva.

El berro, al igual que muchas hierbas frescas, incluso las nativas de consumo familiar, también se puede cultivar de forma hidropónica.

Para este producto son ideales los contenedores individuales de plástico semirrígido, puesto que pueden ser exhibidos a la vista de los consumidores en el estante del supermercado.

Las mezclas de ensaladas también tienen gran potencial en el mercado porque tienen la garantía de que están libres de enfermedades.

Asimismo, en ciertos segmentos de población, los pimientos dulces tipo campana pueden tener gran demanda si están empacados y etiquetados de manera apropiada, para diferenciar el producto.

Oportunidades similares existen en México, Perú, Argentina, Brasil y Colombia; es cuestión de producir vegetales de alta calidad y venderlos en forma presentable, bien empacados y etiquetados.

Ecuador presenta ventajas comparativas para el cultivo del tomate, ya que se puede cultivar en zonas soleadas en la costa.

Colombia puede producir fresas hidropónicas para los mercados de Europa, Sudáfrica y Estados Unidos. En otros países también pueden existir oportunidades similares para cultivar fresas.

Naturalmente, siempre habrá que examinar con cuidado los vegetales que existen en el mercado y sus precios, antes de decidir qué productos ofrecen la mejor oportunidad.

Importancia para México

México puede solucionar su déficit de producción de alimentos por medio del sistema de hidroponía. Tiene la frontera productiva agropecuaria muy limitada y los sistemas tradicionales de producción no alcanzan para cosechar lo que el país necesita de alimentos.

Ante esto, la hidroponía es una alternativa viable, pues es una forma de producción que no necesita de suelos y, por lo mismo, no depende de fenómenos meteorológicos.

La hidroponía permite cosechas fuera de estación, además proporciona altos rendimientos y calidad en los productos.

Para iniciar esta cultura de la hidroponía en México, es importante comenzar con el primer nivel, que es el básico o de autoconsumo, que no implica grandes inversiones, ya que las personas pueden utilizar los materiales que tienen a su alcance.

El segundo nivel lo representa la hidroponía comercial, que requiere de un número mayor de requisitos para su desarrollo, aparte de que se realiza en una extensión de, por lo menos, una hectárea.

El tercer nivel es el de la hidroponía industrial, en donde ya se consideran extensiones de cinco hectáreas en adelante.

Las ventajas que tiene México para desarrollar la hidroponía son la existencia de mano de obra barata, los buenos climas y la abundancia de agua en algunas regiones.

Si se aprovechan estos factores, los productos obtenidos bajo este sistema pueden exportarse hacia Estados Unidos, dentro del marco del Tratado de Libre Comercio (TLC), con buenos resultados.

HISTORIA DE LA HIDROPONÍA

Muchos historiadores creen que uno de los primeros intentos exitosos de cultivar plantas hidropónicamente se dio en la antigua Babilonia, en los famosos Jardines colgantes, una de las siete maravillas del mundo antiguo.

Los mexicas fueron forzados por sus vecinos más poderosos, que les negaron tierras cultivables, a ubicarse hacia la orilla pantanosa del lago de Tenochtitlán, en el gran valle central de lo que es ahora la Ciudad de México.

Como consecuencia de la falta de tierra, los mexicas aprendieron a construir balsas de caña. Estas balsas, llamadas chinampas, permitían cosechas abundantes de verduras, flores e incluso árboles.

En ocasiones, algunas de estas balsas se unían para formar islas flotantes de hasta 60 m de largo. Al llegar al Nuevo Mundo en busca de oro, la vista de estas islas asombró a los españoles.

William Prescott, el historiador que escribió crónicas de la destrucción del Imperio mexica por los españoles, describió las chinampas como "asombrosas islas de verduras, que se mueven como las balsas sobre el agua".

Las chinampas se siguieron usando hasta el siglo XIX, aunque en un número mucho menor.

Se dice que hace ya más de 1000 años la hidroponía se practicaba de manera empírica en China y en la India. Los jardines flotantes de China son otro ejemplo de cultivo hidropónico.

Asimismo, diversos archivos egipcios con una antigüedad de varios cientos de años antes de Cristo, describen el crecimiento de plantas en el agua, a lo largo del río Nilo.

Antes de la época de Aristóteles, Teofrasto (371-287 a. C.) emprendió varios experimentos en nutrición de plantas. Los estudios botánicos de Dioscórides son anteriores al siglo I después de Cristo.

El intento científico documentado más antiguo para descubrir los nutrientes de las plantas se realizó en 1600, cuando el belga Jan van Helmont mostró que las plantas obtienen sustancias del agua.

Colocó un retoño de sauce de 2.5 kg en un tubo que contenía 100 kg de tierra seca, la cual se cubrió para mantenerla aislada del polvo; después de cinco años de riego regular con agua de lluvia, el sauce aumentó en peso a 80 kg, mientras que la tierra perdió menos de 60 gramos.

Su conclusión fue que las plantas obtienen del agua sustancias para su crecimiento; sin embargo, Helmont no comprendió que también requieren de dióxido de carbono y oxígeno del aire.

En 1699, el inglés John Woodward cultivó plantas en agua que contenía varios tipos de tierra y encontró que el mayor crecimiento ocurrió en agua con la mayor cantidad de tierra.

Puesto que, por esos días, los científicos sabían poco de química, Woodward no pudo identificar los elementos que originaban el crecimiento.

Concluyó, por tanto, que el crecimiento de la planta era un resultado de ciertas sustancias y minerales en el agua, contenidos en el "agua enriquecida", y no simplemente del agua.

En las siguientes décadas, los fisiólogos de plantas europeos establecieron que el agua se absorbía por las raíces de la planta, que atravesaba su sistema capilar y escapaba en el aire a través de los poros en las hojas.

También descubrieron que la planta tomaba minerales tanto del suelo como del agua, que las hojas expulsaban dióxido de carbono al aire y que las raíces de la planta tomaban oxígeno.

La teoría de la química moderna logró grandes adelantos durante los siglos XVII y XVIII, y revolucionó la investigación científica. Cuando se analizaron las plantas se determinó que están compuestas por elementos derivados del agua, la tierra y el aire.

En 1792, el científico inglés Joseph Priestley descubrió que al colocar una planta en una cámara con un alto nivel de dióxido de carbono, absorbía gradualmente el dióxido y emitía oxígeno.

Dos años después, Ingen-Housz llevó el trabajo de Priestley un paso más allá y demostró que una planta encerrada en una cámara llena de dióxido de carbono podría remplazar el gas con oxígeno en varias horas, si la cámara se exponía a la luz solar.

Ya que la luz del sol no tenía efecto sobre el recipiente con dióxido de carbono, era lógico que la planta fuera responsable de esta transformación notable.

Ingen-Housz determinó que este proceso trabaja con más rapidez en condiciones de luz intensa y que sólo las partes verdes de la planta estaban involucradas.

En 1804, Nicolás de Saussure publicó los resultados de sus investigaciones, e indicó que las plantas están compuestas de minerales y elementos químicos obtenidos del agua, la tierra y el aire.

En 1842, se publicó una lista de nueve elementos considerados esenciales para el crecimiento de las plantas. Estas proposiciones fueron verificadas después por Jean Baptiste Boussingault (1851).

Jean Baptiste, en sus experimentos con medios de crecimiento inertes, alimentó plantas con soluciones en agua y usó varias combinaciones de elementos puros obtenidos de la tierra, la arena, el cuarzo y el carbón de leña, a los cuales agregó soluciones de composición química conocida.

Baptiste afirmó que las plantas contienen nitrógeno y otros elementos minerales, y que obtuvieron todos los nutrientes requeridos de los elementos de la tierra que utilizó. Así, pudo identificar los elementos minerales y las proporciones necesarias para perfeccionar el crecimiento de la planta.

En 1856, Salm-Horsmar desarrolló técnicas para el uso de arena y otros sustratos inertes. Varios investigadores habían demostrado, por ese tiempo, que las plantas podían crecer en un medio inerte humedecido con una solución de agua que contenga los minerales requeridos por ellas.

El próximo paso era eliminar por completo el medio y cultivar las plantas en una solución de agua que tuviera esos minerales.

En 1860, Julius von Sachs publicó la primera fórmula estándar para una solución de nutrientes que podría disolverse en agua y en la que podrían crecer las plantas con éxito. Esto marcó el fin de la larga búsqueda del origen de los nutrientes vitales para las plantas y dio origen a la "Nutricultura".

Las primeras investigaciones en nutrición de plantas demostraron que su crecimiento normal se puede lograr si se sumergen sus raíces en una solución de agua que contenga sales de nitrógeno (N), fósforo (P), azufre (S), potasio (K), calcio (Ca) y magnesio (Mg), que en la actualidad se definen como macroelementos.

Se estableció, entonces, la adición de químicos al agua para producir una solución nutriente que apoyaría la vida de la planta.

A final de la década de 1920 e inicio de la de 1930, el doctor William F. Gericke extendió sus experimentos de laboratorio y trabajos en nutrición de plantas a cosechas prácticas en aplicaciones comerciales a gran escala.

A estos sistemas de nutricultura, Gericke los llamó "hidroponía". Al trabajo de Gericke se le considera la base para todas las formas de cultivo hidropónico, aunque se limitó principalmente a la cultura del agua, sin el uso del medio de arraigado.

Hasta 1936, el cultivo de plantas en agua y la solución de nutrientes era una práctica restringida a los laboratorios, donde fueron usados para facilitar el estudio del crecimiento de las plantas y sobre el desarrollo de la raíz.

El doctor Gericke cultivó de forma hidropónica remolachas, rábanos, zanahorias, papas, frutas ornamentales y flores.

Al utilizar la cultura del agua en tanques grandes en su laboratorio en la Universidad de California, Gericke tuvo éxito en lograr plantas de tomate de hasta 7 m de altura.

A finales de 1940, Robert B. y Alice P. Withrow, que trabajaban en la Universidad de Purdue, desarrollaron un método hidropónico más práctico. Usaron arena gruesa inerte como medio de arraigado, inundando y drenando alternativamente la arena en un recipiente, y dieron a las plantas el máximo tanto de solución nutriente como de aire a las raíces.

Este método se conoció después como el método de la arena gruesa o grava para hidroponía, a veces también llamado "Nutricultura". Poco tiempo después, durante la Segunda Guerra Mundial, dio su primera prueba real como fuente viable para la obtención de verduras frescas para el ejército de Estados Unidos.

En 1945, la Fuerza Aérea de Estados Unidos resolvió el problema de proporcionar verduras frescas a su personal por lo que implantó la hidroponía a gran escala.

La primera de varias grandes granjas hidropónicas se construyó en la isla de Ascensión, en el Atlántico Sur. Estas técnicas se usaron más tarde en varias islas del Pacífico, como Okinawa.

Durante este mismo periodo (1945), el Ministerio Aéreo de Londres desarrolló cultivos sin suelo en sus bases en Irak y en el golfo Pérsico, donde se sitúan importantes campos petroleros.

En el caso de Irak, antes de la implantación del sistema, todas las verduras tenían que ser traídas por aire de Palestina, para alimentar a las tropas estacionadas allí, lo cual resultaba muy costoso.

Después de la Segunda Guerra Mundial se construyeron varias instalaciones comerciales en Estados Unidos; la mayoría se ubicó en Florida y estaban a la intemperie, sujetas a los rigores del tiempo.

Las pobres técnicas de construcción y operación causaron que muchas de ellas fueran infructuosas y de producción incoherente. Sin embargo, durante la década de 1950 el uso comercial de la hidroponía creció y se extendió a lo largo del mundo, especialmente en países como Alemania, España, Francia, Inglaterra, Italia, Suecia, la entonces Unión de Repúblicas Socialistas Soviéticas e Israel.

A partir de los años de 1960, además de los grandes sistemas comerciales, se empezaron a construir muchas unidades pequeñas, ideales para cultivar flores y verduras en apartamentos, casas y patios traseros.

Muchas no tuvieron éxito completo debido a factores como sustratos inadecuados, uso de materiales impropios, técnicas deficientes y poco o nulo control medioambiental.

Felizmente, existía la convicción de que la perfección de este método de obtención de alimentos era esencial, por la baja producción de los suelos y el aumento constante de la población mundial.

Con el desarrollo del plástico, la hidroponía dio otro gran paso; si hay un factor al que podría acreditársele el éxito de la industria hidropónica de hoy, ese es el plástico.

Uno de los problemas más graves que existen en todos los sistemas hidropónicos es la contaminación frecuente de la solución con elementos perjudiciales del concreto, medios de enraizado y otros materiales.

Con el advenimiento de la fibra de vidrio, los plásticos, los diferentes tipos de vinilo, los polietilenos y muchos otros, este problema está virtualmente eliminado.

Para alimentar a los astronautas, la NASA ha utilizado la hidroponía desde hace aproximadamente 30 años. En las naves espaciales que viajan seis meses o un año, los tripulantes consumen productos vegetales cultivados en el espacio.

Otro descubrimiento importante en hidroponía fue el desarrollo de un alimento equilibrado por completo para la planta. La investigación en esta área aún continúa, sin embargo, están disponibles muchas fórmulas listas para su uso; la mayoría de ellas son completas, aunque muy pocas trabajan de forma consistente sin necesidad de adaptarlas a las diferentes fases de la cosecha.

Estudios recientes han indicado que en la actualidad hay más de un millón de unidades hidropónicas caseras, que operan exclusivamente en Estados Unidos para la producción de alimentos. Rusia, Francia, Canadá, Sudáfrica, Holanda, Japón, Australia y Alemania están entre otros países donde la hidroponía está recibiendo la atención que merece.

Otro avance importante de la industria es el desarrollo de equipo para el control ambiental de los invernaderos. En un inicio, la mayoría de los invernaderos utilizaban vapor para aumentar la temperatura, pero el costo del equipo requerido para su aplicación no permitía que el pequeño productor entrara en este campo. Luego, con el desarrollo de los calentadores y el desarrollo de los gases butano y propano, fue posible construir unidades más pequeñas.

Los productores hidropónicos del futuro usarán el techo de almacenes y otros edificios grandes para instalar sistemas comerciales. Un sistema así, diseñado por *Deutschmann's Hydroponic Centers of Saint Louis*, entró en funcionamiento en 1986; allí se cosechan plantas de follaje tropical con el empleo de hidrocultura.

El sistema diseñado y construido en San Luis demuestra que no hay duda alguna de que ya existe la tecnología para construir tales sistemas, haciéndolos económicamente factibles.

Hoy en día, la hidroponía es una rama establecida de ciencia agronómica, que ayuda a la alimentación de millones de personas. Estas unidades pueden encontrarse en los desiertos de Israel, Líbano y Kuwait; en las islas de Ceilán o en las Filipinas; en las azoteas de Calcuta o en los desiertos de Bengala Oriental.

Se estima que, a nivel mundial, los cultivos hidropónicos generaron ingresos, de 2011 a 2016, por 821 millones de dólares. En América del Norte, el tomate representa 56 % de la superficie hidropónica, mientras que en Sudamérica la lechuga ocupa 49 % de la superficie de cultivos hidropónicos. Actualmente, los países líderes en hidroponía son Canadá, Holanda, Alemania y Estados Unidos, y aunque México aún no figura, se espera que en algunos años más ocupe una posición.

En Europa, los productos hidropónicos son los más aceptados por ser 100 % orgánicos. Con esta técnica, que no ataca ni altera el medioambiente, se pueden cultivar verduras, frutas, flores, plantas aromáticas y ornamentales de excelente calidad y en espacios reducidos.

En México, el área cultivada mediante hidroponía creció, de 2000 a 2010, en 1500 %, y se pasó de 1000 ha en 2000 a 15 000 ha cultivadas para 2010. Los estados en donde se registra la producción de invernaderos de hidroponía son, principalmente, Jalisco, Sinaloa, Sonora, Baja California, Oaxaca, Puebla, Estado de México, Michoacán y Morelos. En dichos estados se cultivan, sobre todo, jitomate, pepino, chile, pimiento, hortalizas, fresas; flores de crisantemos, rosas, claveles y alstroemeria.

Como ejemplo de las diferencias de cultivar jitomate, tan sólo en Sinaloa se siembran a cielo abierto 30 000 ha de manera tradicional, que producen millón y medio de toneladas al año; mientras que, en un invernadero, esa misma producción se obtiene en 5000 hectáreas.

Los principales cultivos mediante hidroponía en México son:

- *Hortalizas de hoja*: lechuga, acelga, espinaca, col, apio, arúgula, berro
- *Hortalizas de flor*: brócoli, coliflor, alcachofa, etcétera
- *Hortalizas de fruto*: tomate, pimiento morrón, pepino, chile manzano, melón, sandía, calabacín, berenjena y fresa
- *Especias aromáticas*: albahaca, menta, cilantro, perejil
- *Plantas ornamentales*: rosas, anturios, nochebuenas, orquídeas, crisantemos, lilis, gerberas, etcétera

En un mundo donde el agua dulce y el suministro de alimentos son temas tan difíciles, tal vez la hidroponía constituya una forma importante para resolver estos problemas de una manera sostenible y ecológicamente consciente.

VENTAJAS Y DESVENTAJAS DE LA HIDROPONÍA

Ventajas	Desventajas
• Cultivos libres de parásitos, bacterias, hongos y contaminación. • Se tiene mayor producción en menos espacio, y hay mayor densidad de plantas cultivadas. • Producción de semilla certificada. • Independencia de los fenómenos meteorológicos. • Producción de cosechas en contra estación.	• Para su manejo a nivel comercial requiere de conocimiento técnico, combinado con la comprensión de los principios de filosofía vegetal y de química orgánica. • A nivel comercial, el gasto inicial de instalación es relativamente alto. • Se requiere cuidado en los detalles. • Necesita de un abastecimiento continuo de agua.

(continuación)

Ventajas	Desventajas
• Hay ahorro de agua; se puede reciclar pues se necesita hasta 20 veces menos líquido. • Existe ahorro de fertilizantes e insecticidas. Las plantas utilizan los nutrientes de forma más eficiente. • Se evita la maquinaria agrícola. • Hay limpieza e higiene en el manejo del cultivo. • Se tiene mayor precocidad de los cultivos. • Alto porcentaje de automatización • Permite el control sobre las condiciones de cultivo (pH, nutrientes, etc.). • No provoca agotamiento y erosión de la tierra. • Se tiene posibilidad de cultivar de forma repetitiva la misma especie. • Hay mayor calidad del producto. • Se tiene mayor porcentaje de germinación. • Permite una programación más fácil y racional de las actividades.	• El costo de mantenimiento del sistema.

INSTALACIONES Y EQUIPOS

Localización de una huerta

Ya decidido a formar una huerta hidropónica, uno de los primeros pasos es definir el lugar donde se va a ubicar. Existen algunos criterios importantes que hay que tomar en cuenta para la elección del lugar de instalación del huerto hidropónico:

- Disponibilidad de un mínimo de 6 horas de luz solar al día del lugar elegido.
- El lugar debe estar próximo a la fuente de suministro de agua.
- El sitio no ha de estar expuesto a vientos fuertes.

- La huerta debe estar cerca del lugar donde se preparan los nutrientes hidropónicos.
- La huerta tiene que ubicarse en un lugar con protección para evitar el acceso de animales domésticos.
- No puede estar cerca de focos de contaminación con aguas servidas o desechos industriales.

Cultivos al aire libre

La idea de que los cultivos de tierra sólo se pueden obtener en condiciones de invernaderos plásticos no es completamente cierta.

Experiencias conducidas en distintos países con cultivos de apio, acelgas, lechugas, nabos, pepinos, perejil, rábanos, tomates y otras hortalizas, sin utilizar cobertura plástica, indican que es posible obtener buenos productos a libre exposición.

Contra la lluvia se podría disponer de cobertizos aun cuando, contrariamente, se ha dicho que las diluciones que la lluvia puede ocasionar a las soluciones nutritivas no son graves.

Es suficiente disponer de un sistema de drenaje y sifonaje para eliminar el exceso de agua, y tener en cuenta la cantidad que se añade para reequilibrar la composición del medio.

De cualquier modo, ni el viento ni la lluvia son los verdaderos obstáculos de estos cultivos al aire libre, sino los cambios de temperatura.

Invernadero

Los objetivos que se consiguen bajo cultivo en un invernadero son obtener producciones fuera de época, incrementar el rendimiento por metro cuadrado y mejorar la calidad comercial de las cosechas producidas.

Esto se logra gracias a que bajo condiciones de invernadero se puede crear el clima adecuado para cada tipo de cultivo, así como la estimulación fotoperiódica por medio de iluminación artificial.

El diseño estructural de un invernadero debe brindar protección contra daños por viento, lluvia, calor, frío y plagas. Un invernadero tropical es principalmente un protector contra la lluvia; se puede usar una cubierta de polietileno sobre el cultivo para prevenir que la lluvia entre en el área de crecimiento.

Para prevenir la entrada de insectos, sobre todo los que son portadores de enfermedades viróticas para las plantas, es necesario cubrir con malla los costados del invernadero.

Características del invernadero

El primero que usó el polietileno como cubierta de invernadero fue el profesor Emery Myers de la Universidad de Kentucky, Estados Unidos, en 1948. A partir de esta experiencia, se ha logrado dar un enorme impulso al uso de invernaderos para la producción de alimentos, gracias al bajo costo del material y a la sencillez que representa su armado.

Con el paso del tiempo se ha conseguido un excelente perfeccionamiento de los invernaderos en plástico por la introducción del laminado metálico en las estructuras de sostén.

Las medidas estándar preferenciales de un invernadero giran en torno a los $500-600\,m^2$; además de los invernaderos comunes, desde hace unos años han hecho su aparición dos tipos: el invernadero neumático y el invernadero de torre.

Temperatura

La temperatura del invernadero debe ser regulada en función de las exigencias de los diversos cultivos y de sus distintas fases biológicas. Excesos o defectos en la temperatura pueden producir daños directos o indirectos a las explotaciones, aun cuando se verifiquen sólo durante breves periodos.

La regulación de la temperatura se efectúa directamente o con dispositivos automáticos, como los termorreguladores eléctricos, ligados a la fuente del calor. Por lo general, se considera ideal una temperatura sobre los $13\,°C$ de noche y de unos $20\text{-}25\,°C$ de día.

Humedad

En lo que se refiere al grado de humedad, los invernaderos hidropónicos precisan de menos cuidados que los normales, puesto que en parte se encargan de la evaporación del agua de los recipientes.

La humedad deberá estar en torno a 75 % y se puede medir con un higrómetro o con un humidómetro. Si la humedad es baja se puede recurrir al riego de los pasillos.

Luz

Las estructuras de un invernadero deben tener un tamaño que permita una apropiada trasmisión de la luz. Una intensidad regulada puede generar en las plantas un acortamiento del ciclo biológico, un mayor equilibrio en el desarrollo vegetativo y una producción más elevada y de mayor calidad.

En caso de que sea necesario reducir la iluminación, lo que se puede hacer es recubrir los vidrios con esteras, carrizos, sacos, o dar color al invernadero con leche de cal, diversamente coloreada.

Si, por el contrario, fuese necesario aumentarla, se podrá recurrir a la iluminación artificial con lámparas a vapor de mercurio, fluorescentes, o con lámparas específicamente estudiadas para la iluminación de las plantas.

También, será posible valerse de aparatos electrónicos especiales, que permiten la automatización de la iluminación artificial del invernadero.

Estos dispositivos determinan el encendido automático de las lámparas, apenas la intensidad de la luz natural desciende por debajo de un determinado límite.

Protección contra enfermedades

También el encierro puede brindar protección contra enfermedades y plagas; por estas razones, los invernaderos son especialmente efectivos en regiones tropicales.

Recipientes y contenedores

Los tipos de recipientes y contenedores que se pueden usar o construir deben estar acordes con el espacio disponible y con las posibilidades técnicas y económicas.

Las dimensiones (largo y ancho) de los contenedores pueden ser muy variables, pero su profundidad no será mayor de 12 cm para cultivos de apio, acelga, lechuga, nabo, pepinos, perejil, rábano y tomate.

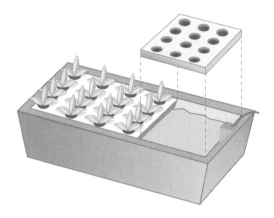

Cuando se quiere cultivar zanahorias la profundidad del contenedor será, como mínimo, de 20 cm; para producir forraje verde hidropónico (para consumo animal) será, como máximo, de 5 cm de profundidad. Estas medidas de profundidad, recomendadas, son para que las raíces tengan suficiente lugar donde desarrollarse.

Los recipientes más adecuados son los de PVC o plástico; si son de metal se pintarán con pintura epóxica, y los de madera se pueden forrar con tela impermeable o piezas de plástico.

Es importante que los recipientes tengan perforaciones en su base para el drenaje y aireación; para asegurarlo es necesario que los recipientes tengan una pendiente de aproximadamente 5 % dependiendo del sustrato utilizado.

En la expansión de la huerta pueden incluirse mangas verticales y otro tipo de estructuras más productivas.

Mangas verticales

Las mangas verticales vienen ya fabricadas en diferentes anchos y calibres. De preferencia, conviene usar las de calibre 0.20, el ancho de 20 cm y el color negro (el calibre 0.20 es importante, dado que debe soportar el peso del sustrato).

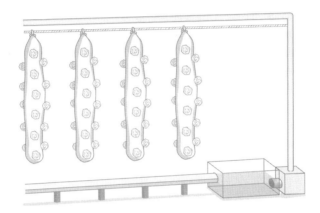

Estas mangas se compran por kilogramos o por metros, ya listas para hacerles las perforaciones en donde irán las plantas. En ellas no se siembran especies de siembra directa, sólo especies de trasplante. Con este sistema se han tenido muy buenos resultados en fresa o frutilla, perejil, lechugas, achicorias y plantas ornamentales de flor de porte reducido.

Para la preparación del sustrato de estas mangas se disminuye un poco la cantidad del componente más pesado y se aumenta el más liviano y que retenga más humedad. La nutrición se hace de la misma manera que en un contenedor de madera; se riega todos los días con solución nutritiva y con agua cuando es necesario.

Tutores para medios 100% líquidos

Los sustratos de los cultivos hidropónicos sirven como medio de sostén para las plantas, lo mismo que la tierra, desde el momento en el que las raíces encuentran en ellos un lugar para aferrarse.

Este sostén falta en el caso de plantas que se desarrollan en medios exclusivamente líquidos, por lo que es necesario proveerlo artificialmente con soluciones que pueden ser de diversos tipos.

En el comercio hay rejillas provistas de uno o más orificios para el paso de las ramas y la ventilación. En uno de estos orificios es posible insertar un tutor o una varita de sostén, cuando la planta lo requiera. El tutor (en este caso, rejilla) podrá revestirse de musgo. Con alguna piedrecilla redonda o musgo se fija el cuello de la planta en la rejilla.

Cuando se quería cultivar más plantas o utilizar tanques grandes, hasta hace algún tiempo se adoptaba el método original propuesto por William Gericke en el año 1936, denominado "lecho de sostén".

Sistema NFT

Localización. El sistema de solución nutritiva recirculante puede establecerse tanto al aire libre como en invernadero; sin embargo, se recomienda ubicarlo bajo un sistema forzado.

Es recomendable que el invernadero en el cual se monte el sistema NFT se ubique cerca de la fuente de agua y a la eléctrica, en un lugar protegido de vientos fuertes.

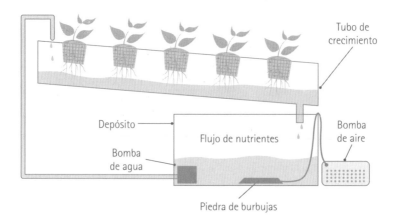

Componentes y materiales

Estanque colector

El estanque colector tiene la función del almacenar la solución nutritiva durante el periodo de cultivo. Existe una gran gama de tipos de contenedores que pueden utilizarse como estanques colectores de solución nutritiva. Su elección se basa en el tipo de material y aislamiento.

Idealmente, los estanques colectores deberían ser de material PVC o de fibra de vidrio, tratado para sustancias tóxicas. Si se cuenta con contenedores de metal o asbesto se aconseja aislar su cara interior con una capa de pintura epóxica.

La elección de un estanque colector no sólo está determinada por el material constituyente, sino también por su capacidad de almacenamiento de solución nutritiva.

El volumen del estanque está en función directa con el número de plantas, especies por cultivar y modalidad de corrección química de la solución nutritiva (corrección manual o automática).

En el caso del tomate, especie de gran desarrollo comparado con la lechuga, en pleno periodo productivo y en verano, consume un volumen de solución nutritiva diluida de aproximadamente 2.5 ℓ por planta y por día.

Una planta de pepino, en época de fructificación y desarrollo de frutos, requiere alrededor de 3 ℓ por planta al día, a diferencia de una planta de lechuga que consume alternativamente 0.3 ℓ de solución.

No sólo es necesario dimensionar la capacidad del estanque basándose en el volumen requerido de solución de cada planta, sino también de acuerdo con el volumen remanente en el estanque, lo que asegura que la bomba no deje de funcionar.

Cálculo de la capacidad del estanque, según la especie cultivada

Especie	Volumen aproximado de solución consumida (litro planta/día)*	Densidad de plantación (planta/m²)	Capacidad aproximada del estanque (litro/ m²)**
Lechuga	0.3	24	9
Tomate	2.5	5	16
Pepino	3.0	5	19

*Para una planta en su máximo estado de desarrollo.
**Este valor, al multiplicarse por la superficie real de cultivo, estima el tamaño del estanque.
Se considera un 25% más del volumen consumido como volumen remanente.

Canales de cultivo

Existen diferentes tipos de canales de cultivo, según la especie que se vaya a cultivar, por ejemplo: si se cultiva alguna de tamaño pequeño (como la lechuga) se aconseja utilizar un canal de baja altura que permita la sujeción de la planta y su contenedor (como el cubo de espuma).

En el caso de un cultivo de crecimiento alto (como el tomate), se requiere de canales que permitan mantener tanto a las plantas de mayor desarrollo aéreo y radical, como a sus contenedores.

Por lo general, se trabaja con mangas abiertas de polietileno coextrusado que forman un canal sostenido. Este tipo de material permite su reutilización, y se limpian antes de establecer el siguiente cultivo.

Estos canales se recomiendan para especies como tomate, pimentón, berenjena, melón, pepino y calabacita italiana.

Bomba

Es uno de los componentes claves del sistema, y requiere un cuidado especial, tanto en su elección como en su manejo. Su función es impulsar de forma permanente la solución nutritiva desde el estanque colector hasta la parte alta de los canales de cultivo.

De acuerdo con la magnitud del módulo se considerará la instalación de dispositivos de alarma que indiquen una interrupción no deseada. Una detención prolongada de la bomba puede traer serios inconvenientes, que inclusive causarían la pérdida total de la producción.

Dentro de la gran variedad de tipos de bombas, por sus características de funcionamiento, destacan las de accionamiento eléctrico, de operación sumergida o no sumergida.

Las primeras son más silenciosas y requieren menor cantidad de energía eléctrica para su puesta en marcha, pero su costo es más alto. Entre las de operación no sumergida destacan por su menor costo las de tipo centrífugo, unicelular, de eje horizontal, accionadas por un motor eléctrico monofásico o trifásico, montadas en un solo cuerpo.

La bomba tiene que ubicarse próxima al estanque colector, sobre una base firme que evite movimientos y vibraciones. Se tendrá especial precaución de no hacer funcionar la bomba en seco y adoptar las protecciones termoeléctricas necesarias, que eviten la pérdida total de la bomba frente a eventuales fallas en el sistema.

Red de distribución

La solución nutritiva se distribuye a través de una red compuesta por tuberías y mangueras de PVC o goma, desde la bomba impulsora hacia la parte superior de los canales de cultivo. Este tipo de materiales ha desplazado a los de aleación metálica, ya que éstos interactúan con los elementos minerales que componen la solución nutritiva.

En relación con su dimensión, depende del volumen por transportar a través del sistema; sin embargo, como el flujo requerido no supera de los 2 a 3ℓ por minuto, normalmente el diámetro de las tuberías es de una pulgada.

Si se trabaja con sistemas de cultivo de pequeña superficie (menor de $100\,m^2$), no es necesario utilizar tuberías de PVC, pues pueden ocuparse sólo mangueras de jardín, de diámetro interno de 1 a 2 centímetros.

Tubería colectora

La tubería colectora recoge la solución nutritiva desde los canales de cultivo y la lleva de retorno hacia el estanque. La localización de esta tubería se ubica frente y a un nivel más bajo que la altura inferior de los canales; de esta forma, la solución nutritiva desciende por gravedad, oxigenándose.

Además, esta tubería se encuentra en pendiente descendente hacia el estanque colector.

Al final de la tubería es necesario colocar un codo de PVC recubierto con material aislante (polietileno) para facilitar su caída. Los materiales utilizados son aquellos que no reaccionan con alguno de los elementos minerales disueltos en la solución nutritiva.

Por lo general se usan tuberías de PVC, o también es posible acondicionar alguna canaleta abierta de madera u otro material, recubierto con plástico para su aislamiento. De la superficie de cultivo y las temperaturas máximas obtenidas dependerá la utilización del tipo de tubería colectora.

Las abiertas son recomendables para pequeñas superficies bajo un régimen de temperaturas moderadas; así se evita cualquier taponamiento producto de las raíces que desembocan en los canales de cultivo. Se recomienda cubrirlas con algún polietileno opaco (de preferencia color blanco) para evitar la contaminación de la solución nutritiva y su evaporación.

Las cerradas son las indicadas cuando se cuenta con superficies mayores y en ambientes cálidos, prefiriéndose la inclusión de aberturas individuales frente a cada canal, para así recibir la solución nutritiva. El diámetro de estas tuberías debe ser igual o mayor al ancho del canal de cultivo, ya que la acumulación de raíces de las plantas del borde podrían taponarlas.

Pendiente

Para que la solución nutritiva fluya de manera constante en el sistema se requiere que sea impulsada desde el estanque hacia la parte elevada de los canales de cultivo, y que luego descienda a través de ellos gracias a la gravedad.

Este descenso se produce debido a la pendiente longitudinal de los canales de cultivo. En general, se recomienda que esta inclinación sea de alrededor de 2 por ciento.

Pendientes superiores a 4% dificultan la absorción de agua y nutrientes por las raíces del cultivo; en cambio, las pendientes menores a 2% no facilitan el adecuado retorno de la solución al estanque colector, ni tampoco la manutención de la altura de la lámina de solución nutritiva.

Es recomendable aumentar la pendiente de los canales sólo en el caso de que se cultive alguna especie que presente un gran desarrollo radical. De esta forma, se evita el estancamiento de la solución en el interior del "colchón de raíces".

Además de la pendiente longitudinal de los canales de cultivo, también debe existir una pendiente transversal a los canales de cultivo en la tubería colectora. La magnitud de esta pendiente será similar a la pendiente longitudinal, para que se permita el fácil retorno de la solución nutritiva.

Longitud de los canales de cultivo

Para mantener los requerimientos antes mencionados se necesita, además, considerar un largo máximo de canales de cultivo no superior a los 15 m. De esta forma, se logra que la solución nutritiva se mantenga con un adecuado contenido de oxígeno para que se absorba por las raíces de las plantas.

Longitudes superiores a la indicada posibilitan la existencia de baja concentración de oxígeno en la solución, lo que conllevaría a un menor crecimiento de las plantas, en especial de las ubicadas en el extremo final del canal. Además, trabajar con canales muy extensos dificulta su sujeción.

2 Cómo empezar

Es muy importante que desde el principio se fijen los objetivos del proyecto, porque hay que tener la certeza de hacia dónde avanzar y en qué dirección. Sin un plan definido y sin anticipar algunas situaciones, no habrá una solución rápida que pueda evitar mayores pérdidas en el negocio o que permita aprovechar alguna oportunidad única.

DEFINICIÓN DEL PROYECTO

El objetivo de cultivar hortalizas mediante hidroponía es el autoconsumo o la venta de la producción de acuerdo con el mercado. Tratándose de una producción casera o de autoconsumo, lo ideal es alcanzar una eficiencia adecuada para tener una rentabilidad razonable, es decir, que se constituya en un negocio.

Se inicia con semillas y equipo de buena calidad. Al mismo tiempo, habrá que definir si se tratará de un negocio de consumo familiar o de algo más formal. En este último caso, se tendrán que buscar y valorar los mercados potenciales y definir las cadenas de distribución y venta.

Para los negocios de explotación a nivel industrial hay que buscar toda la ayuda profesional posible, para armar un buen proyecto. Las posibilidades comerciales en este tipo de negocio son amplias.

COMPRAS

Definidos los propósitos y alcances del proyecto, sea familiar o un negocio en forma, es posible anticipar las necesidades de instalaciones, equipo y otros insumos. De hecho, se debe elaborar un calendario de compras y un presupuesto que indique cuánto dinero se necesita para una fecha determinada.

Ya sea algo muy sencillo o de tecnología avanzada, siempre hay que pensar en la compra de elementos de buena calidad, pues a la larga la mala calidad sale más cara. Además, debe haber algún sitio, en particular, dedicado a guardar el equipo e insumos por utilizar en la fecha próxima. Mientras mejor sea la administración, mejor control se tendrá en el negocio.

SISTEMAS DE CULTIVO HIDROPÓNICO

Cerrados. Son los cultivos en los que la solución nutritiva se recircula y aporta de forma continua los nutrientes que la planta consume.

Abiertos o a solución perdida. En ellos, los drenajes provenientes de la plantación se desechan.

Dentro de estos dos grupos puede haber diversas variables, de acuerdo con el sistema de riego, el sustrato empleado, disposición del cultivo, etcétera.

En Europa y Estados Unidos, los sistemas cerrados son los más extendidos, mientras que en Latinoamérica la mayor parte de las explotaciones comerciales son sistemas abiertos que adoptan el riego por goteo, sin recirculación de la solución nutritiva.

Básicamente, existen dos formas de practicar la hidroponía: cultivo en sustrato y cultivo en agua.

Cultivo en sustrato

Se desarrolla con sustancias inertes (es decir, sin elementos minerales) como la arena, el aserrín, la grava, la roca volcánica, etc., que remplazan al suelo tradicional.

Como estos sustratos no tienen los elementos minerales necesarios para el crecimiento de las plantas, es forzoso aplicarlos diluidos en el agua que se utiliza para regarlas; el agua y los elementos minerales o nutrientes constituyen la "solución nutritiva".

El sistema de sustrato sólido es conveniente para cultivar más de 30 especies de hortalizas y otras plantas de porte bajo y rápido crecimiento.

Para sembrar directamente o trasplantar sólidos se comienza con la ubicación del contenedor en el lugar apropiado, al que se le da la pendiente necesaria.

Luego, el sustrato seleccionado y mezclado de manera previa, se llena en el contenedor, hasta dos centímetros antes del borde. Es importante recordar que éste no debe ser colocado seco en ningún tipo de contenedor; siempre debe humedecerse antes.

El cultivo en sustrato difiere de los sistemas de cultivo en agua en los que las raíces de las plantas se desarrollan sobre un medio sólido, que sirve de soporte a las plantas.

El sustrato debe suministrar el agua necesaria a las raíces para el desarrollo de la planta, y el aire necesario para su respiración. Por ello, es importante mantener un equilibrio entre la cantidad de agua y aire disponible.

Se pueden utilizar sustratos solos o en mezclas, como la arena de río, arena de cantera, arena de cuarzo, piedra pómez, gravilla, grava, cascarilla de arroz, residuos de ladrillo, etcétera.

Los sustratos que se caracterizan por su baja capacidad para retener el agua y los nutrientes (grava, arcilla extendida) requieren un continuo aporte de agua y soluciones nutritivas.

Los sistemas más utilizados (lana de roca, perlita, fibra de coco, arena), caracterizados por su mayor capacidad de retención de agua, permiten utilizar riegos menos frecuentes.

Los métodos de cultivos en sustrato son el riego por goteo, por subirrigación y cultivo en columnas.

Riego por goteo

Consiste en la aplicación de los principios básicos de la técnica de riego por goteo, para lo cual se utilizan diferentes sustratos (arena, grava, etc.) como material de soporte de la planta.

Este método consta de un contenedor rectangular, dentro del cual se pone el sustrato, y sobre el que se coloca un pequeño cubo en donde el vegetal ha enraizado.

Inyectores individuales que funcionan de manera intermitente gracias a un sistema regulado por un temporizador riegan las plantas.

Para instalar este sistema se necesitan, principalmente, los siguientes componentes:

- Tanque reservorio
- Bomba
- Cintas de goteo
- Reloj programable
- Tuberías para drenaje
- Controladores

Subirrigación

Se aplica en la producción comercial de cultivos. Es un método cerrado porque recicla la solución y se bombea desde un tanque hacia tuberías de PVC perforadas, que se ubican en la parte inferior de la cama.

De esta manera se moja el sustrato y las raíces de las plantas en forma vertical (de abajo hacia arriba). El drenaje es también vertical, desde las camas hasta el tanque de almacenamiento, y el aire se renueva en el sustrato.

Sus componentes son:

- Tanques de almacenamiento
- Tuberías de PVC para la entrada y drenaje de la solución
- Bomba
- Controlador de la retroalimentación
- Controles automáticos para medir el pH, dosificación de nutrientes, etcétera

Según el cultivo, las camas pueden ser de diferente ancho, longitud y profundidad. Se cubren con plástico para aislar el medio. Las tuberías perforadas se ubican en toda la longitud de la cama. Un ciclo de 10 a 20 minutos, entre el llenado y drenaje, permite una adecuada aireación.

Los sustratos por utilizar deben ser, de preferencia, cuarzo y granito; libres de partículas finas y con suficiente capacidad para retener humedad.

Cultivo en columnas

Este método hidropónico de producción comercial se caracteriza por el crecimiento vertical de las plantas, en macetas apiladas o en columnas, que contienen un sustrato liviano.

Este método permite una alta producción por unidad de área: sin embargo, está restringido para plantas de porte pequeño, con sistema radicular no muy extenso y que toleren estar colgadas.

Es muy utilizado para la producción de fresa, lechuga (de hoja crespa, mantecosa y romana), espinaca, albahaca, menta, berro, cilantro, perejil y orégano; asimismo, para la producción de algunas plantas de flor y ornamentales.

Las plantas que crecen en un sistema de producción vertical deben estar bien iluminadas por la luz del sol; de lo contrario, tendrían una menor tasa fotosintética y su rendimiento se vería afectado.

Para lograr una buena iluminación se recomienda que el distanciamiento entre filas sea de 1.0 a 1.2 m y la separación entre columnas de 0.8 a 1.0 metros.

Las columnas pueden ser tubos de PVC de 6 a 8" de diámetro, mangas plásticas de 8 micras de espesor y de 25 a 30 cm de diámetro, o macetas de poliuretano expandido, apiladas de manera vertical.

La solución nutritiva se distribuye por mangueras de goteo colocadas sobre las columnas. Los goteros pueden ser de una, dos o cuatro salidas y están conectados a microtubos de 3 milímetros.

Cuando se enciende el riego la solución nutritiva ingresa por cada microtubo y humedece el sustrato por gravedad.

Cultivo en agua

Sistema de raíz flotante

Entre todos los métodos el de raíz flotante representa el auténtico cultivo hidropónico. En términos generales, consiste en la capacidad que tienen algunas especies hortícolas de hoja, cuando se les sumerge en una solución, de especializar sus raíces y absorber los nutrientes que requieren.

La parte aérea de la planta queda sostenida en un material que flota (poliestireno expandido), con el fin de mantener el cultivo en forma localizado en un plano horizontal.

La oxigenación de la solución es un aspecto importante, puesto que, como consecuencia del metabolismo de la planta, se originan impurezas que hacen variar el pH, lo que afecta la absorción de los nutrientes. Por esto, es indispensable que la solución nutritiva se agite al menos dos veces por día.

Cuando no se agita la solución nutritiva con la debida frecuencia, también se empiezan a formar algas que le dan mal aspecto al cultivo y alteran su desarrollo.

Para realizar la aireación se levantan lentamente las láminas con las plantas, y así evitar que se rompan; se puede realizar levantando y bajando sucesivamente la lámina, durante 15 segundos.

Cuando los contenedores tienen dimensiones superiores a un metro, lo que más se recomienda es partir las láminas en dimensiones apropiadas.

Otro elemento que debe controlarse constantemente es la conductividad eléctrica, la cual indica el contenido de sales en la solución.

Las especies hortícolas que han mostrado buen comportamiento bajo el sistema de raíz flotante son la lechuga, la acelga, la espinaca, el apio, el albahaca y las hortalizas orientales.

Cultivo de lechuga con raíz flotante

Para este método se necesita un contenedor similar al que se utiliza para los sustratos sólidos; la única diferencia consiste en que no es necesario conectar el drenaje.

Se corta una lámina de poliestireno expandido de 2.5 cm de espesor, con un largo y ancho de 2 cm menor que el largo y ancho del contenedor.

Luego, se marcan las distancias a las que se van a colocar las plantas; y se señala con puntos gruesos el lugar donde irá cada una. Para la tapa de posalmácigo se recomienda que la disposición de las plantas sea en triángulo, con una distancia de 9×9 cm entre cada una.

Para el cultivo definitivo las distancias que se utilizan son 17×17 cm entre plantas, según la temperatura, la luminosidad y la variedad de lechuga cultivada.

Lo anterior permitirá tener 126 hoyos por metro cuadrado, en la distancia de 9 × 9 cm, y 31 hoyos en la de 17 × 17 centímetros. Al colocar la lámina perforada dentro del contenedor, ésta debe quedar con la posibilidad de tener un pequeño movimiento.

Luego, se necesita cortar una pieza de esponja plástica de 2.5 cm de espesor, en cubo de 3 × 3 cm de largo y de ancho, previamente marcados, para formar una cuadrícula. En cada marca se realiza un corte vertical, en donde se trasplantará la planta que viene del almácigo. Previamente, se humedecen los cubos con solución nutritiva.

En el momento del trasplante se sacan las plantas desde los almácigos y se les lava la raíz para que no les quede nada de sustrato. Inmediatamente después, se colocan en el cubo de esponja, sin olvidarse de dejar el cuello de la planta exactamente un centímetro por debajo de la superficie del cubo.

A continuación, se introducen los cubos con las plantas en cada uno de los hoyos abiertos en la plancha de poliestireno expandido, con mucho cuidado para que la raíz quede vertical y sumergida en el líquido. Cuando se han llenado todos los hoyos de la lámina, hay que verificar que ninguna raíz quede aprisionada. Todas deben quedar derechas y sumergidas en el líquido; se coloca la solución nutritiva en la concentración que corresponde.

En la etapa de posalmácigo las plantas permanecen ahí entre dos y tres semanas, según el clima y la variedad.

A las dos o tres semanas las plantas han alcanzado entre 12 y 15 cm de altura; entonces, se procede a trasplantarlas a la lámina de tecnopor en la que se han hecho perforaciones de 17 × 17 cm. Las plantas pasan con la misma esponjita que las contienen.

Cuando se termina el segundo trasplante también se coloca la solución nutritiva en la concentración respectiva.

En esta nueva lámina, denominada "cultivo definitivo", las lechugas podrán crecer hasta que alcancen el tamaño adecuado para su consumo, cinco a seis semanas después del último trasplante.

Método NFT

El método de recirculación de solución nutritiva NFT (*Nutrient Film Technique*) fue desarrollado en el *Glasshouse Crop Research Institute*, Inglaterra, en la década de 1960.

El principio de este sistema consiste en la circulación constante de una lámina fina de solución nutritiva, que pasa a través de las raíces del cultivo, sin pérdida o salida al exterior de la solución, por lo que es un sistema cerrado.

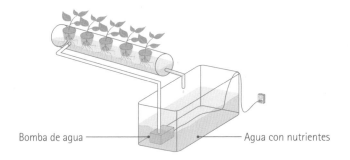

Bomba de agua ——————————————— Agua con nutrientes

En este método las plantas se cultivan en ausencia de sustrato, pues se encuentran suspendidas en canales de cultivo, con o sin un contenedor de soporte.

Su creador, el doctor Alan Cooper, montó originalmente un complejo circuito de canales de concreto donde el flujo de la solución se mantenía por dos bombas. Luego, el diseño se simplificó al uso de una sola bomba impulsora, aunque persistió por largo tiempo la utilización de canales de cemento.

Por el NFT destaca la producción de lechugas con un alto número de rotaciones anuales, y la de tomates, con un periodo extendido de producción, que permite la obtención de altos rendimientos.

Una de las principales ventajas que ofrece el sistema NFT es su mayor eficiencia en el uso de los elementos minerales, esenciales para el crecimiento de las plantas, de agua y oxígeno.

En contraste con los sistemas hidropónicos de sustrato sólido o "raíz flotante", el NFT maximiza el contacto directo de las raíces con la solución nutritiva, que es constantemente renovada.

La constante oferta de agua y elementos minerales les permite a las plantas crecer sin estrés y ofrecer su máximo potencial. Gracias a eso, su crecimiento es acelerado y es posible obtener más ciclos de cultivo en el año.

Con la ausencia de sustrato se evitan las labores de desinfección de éste y se favorece el establecimiento de una alta densidad de plantas. Además, es posible obtener cultivos precoces, lo que para algunos mercados locales conlleva un mejor precio.

En la actualidad se observa un incremento en el uso del método NFT por parte de los productores y las empresas, con el fin de aumentar su capacidad de producción en mediana escala y lograr mayores beneficios económicos. Se aplica en la producción de diferentes especies, como lechugas, tomates, pimientos, pepinillos y melones.

Los componentes principales del NFT son:

- Tanque colector
- Tubo o canales de cultivo
- Bomba de recirculación
- Red de distribución y colección
- Controles automáticos para medir el pH, CE, dosificador de nutrientes, etcétera

En el manejo del sistema se debe considerar la necesidad de contar con una pendiente o desnivel de la superficie de cultivo, ya que posibilita la recirculación de la solución nutritiva.

Asimismo, hay que tomar en cuenta la altura de la lámina de solución y la frecuencia de funcionamiento y parada del sistema, de acuerdo con las necesidades específicas del cultivo instalado.

Además, se debe poner especial énfasis en la resolución de los problemas que ocasionan las elevadas temperaturas de la solución nutritiva en los meses de verano y la falta de oxígeno que conlleva esta situación.

En cuanto al manejo de los cultivos (conducción y poda), hay que valorar la rectangularidad, en función del ciclo de cultivo y del grado de mecanización.

Cultivos aeropónicos

La aeroponía consiste en la puesta en funcionamiento de estructuras idóneas para sostener las plantas cuyas raíces, oportunamente protegidas de la luz, permanecen prácticamente suspendidas en el aire y son rociadas por la solución nutritiva a ritmo intermitente, o bien gota a gota.

El primer sistema aeropónico fue desarrollado por el doctor Franco Massantini, en la Universidad de Pia (Italia), lo que permitió crear las denominadas "columnas de cultivo".

Una columna de cultivo consiste en un cilindro de PVC u otro material, colocado en posición vertical, con perforaciones en las paredes laterales en donde se introducen las plantas en el momento de realizar el trasplante.

Las raíces crecen en la oscuridad y pasan la mayor parte del tiempo expuestas al aire; por el interior del cilindro, una tubería distribuye la solución mediante pulverización de media o baja presión.

El suministro de la solución se realiza por escurrimiento, para bañar las raíces que se apoyan sobre el contenedor; o bien, se rocían con nebulizadores hechos a propósito.

La principal ventaja que aporta la aeroponía es la excelente aireación que el sistema proporciona a las raíces, uno de los factores limitantes que presenta la hidroponía. El principal inconveniente que tienen los sistemas aeropónicos tradicionales es el alto costo de la instalación y las obstrucciones de las boquillas de pulverización.

Los sistemas aeropónicos que se utilizan en la actualidad difieren de forma considerable del que al inicio utilizó el doctor Massantini en Italia. En Israel, por ejemplo, investigadores pusieron en marcha un sistema comercial que denominaron *Ein-Gedi System* (EGS): un sistema aerohidropónico que consiste en sumergir la mayor parte de las raíces en una solución nutritiva en constante circulación.

La solución nutritiva se pulveriza sobre la parte alta de las raíces y, a la par, se proyecta aire a alta presión por medio de una tubería finamente perforada mediante tecnología láser, en contracorriente con la solución nutritiva circulante. De esta manera, se consigue que una parte de la raíz esté permanentemente en contacto con la solución nutritiva recirculante, y que la otra se halle bien aireada.

Investigadores australianos desarrollaron un nuevo sistema aeropónico comercial llamado *Schwal-bach System* (SS) que consiste en un tanque de plástico de 200 ℓ de capacidad, que alimenta una cámara de crecimiento, en la que se encuentran las raíces en completa oscuridad. Una bomba se encarga de distribuir y pulverizar finamente la solución nutritiva, lo que permite atender de manera simultánea 60 puntos de distribución.

Otra innovación aeropónica, desarrollada recientemente, recibe el nombre de *Aero-Gro System* (AGS); se diferencia de los demás sistemas aeropónicos porque incorpora tecnología ultrasónica, lo que le permite proyectar la solución nutritiva a baja presión, con gotas finamente pulverizadas. Se trata de una tecnología basada en los principios que se utilizan en clínicas y hospitales para tratar pacientes que sufren problemas asmáticos.

SOLUCIÓN NUTRITIVA

La base de la hidroponía es la nutrición vegetal. En los cultivos hidropónicos, todos los elementos esenciales se suministran a las plantas mediante lo que se denomina "solución nutritiva".

Las soluciones nutritivas las pueden preparar los mismos cultivadores cuando ya han adquirido experiencia o tienen áreas con el suficiente espacio como para que se justifique hacer una inversión en materias primas. Alternativamente, las mismas soluciones están disponibles en los comercios, en forma de soluciones concentradas.

La mayoría de soluciones tienen dos formulaciones, llamadas de crecimiento y de floración. Esto refleja la diferencia en los requerimientos entre una planta en crecimiento vegetativo y una planta en floración y fructificación.

La diferencia principal entre las fórmulas de crecimiento y floración es la relación de NPK; esto se refiere a cantidades relativas de nitrógeno, fósforo y potasio en la solución nutritiva.

Elementos de la solución nutritiva

Elementos minerales

Los minerales esenciales se suministran como compuestos químicos. Por ejemplo, el nitrato de calcio proporciona calcio y nitrógeno; el monofosfato de potasio, fósforo y potasio.

La estrategia adecuada para producir una solución nutritiva es mezclar los químicos en proporciones exactas, de acuerdo con la necesidad del cultivo.

Todos los micronutrientes pueden ser suministrados por varias fuentes; así, por ejemplo, el hierro, manganeso, cobre y zinc pueden estar presentes en la solución mediante sales sulfatadas. Estos minerales también pueden suministrarse como quelatos, que son moléculas orgánicas grandes, en las cuales el mineral está adherido.

La cantidad de cualquier mineral presente en una solución nutritiva se mide en partes por millón (ppm). Por ejemplo, una solución nutritiva que contiene 40 ppm de magnesio, tendrá 40 g de magnesio por cada 1000 ℓ de solución o 40 mg de magnesio en cada litro de solución.

La elección de una solución nutritiva depende de varios factores, como el tipo de planta, la variedad, la etapa de crecimiento, las condiciones medioambientales, la naturaleza del sustrato, etcétera.

Así, por ejemplo, las plantas jóvenes de la mayoría de las especies requieren más nitrógeno que las plantas maduras. Como consecuencia, es imposible establecer una solución nutritiva estándar para todos los tipos de cultivo.

Otro factor para la elección de la sal nutritiva son las modalidades de cultivo; además, cuenta la disponibilidad inmediata y sus costos.

Agua

El material de base en la hidroponía es el agua, que tiene la función de mantener disueltos los elementos nutritivos. Se pueden utilizar diversos tipos de aguas, como de pozos, de lluvia, destilada, de arroyo, de río, de lago, de estanque, etc., condicionadas a que no contengan sustancias tóxicas disueltas y no presenten un grado elevado de salinidad.

Hay que tener cuidado con el agua de la llave, ya que las tuberías pueden enriquecerla con sales de plomo que, al acumularse, intoxican a las plantas. También hay que valorar si las aguas son discretamente ricas en calcio, magnesio, sulfato, etc., para disminuir las dosis de sales correspondientes, y controlar el pH al final de la preparación.

Por lo general, las aguas naturales contienen oligoelementos en suficiente cantidad, como para no tener que preocuparse; no obstante, puede existir la posibilidad de una insuficiencia de hierro. Para remediar este inconveniente, se pueden añadir 3 g de sulfato ferroso por metro cúbico de solución, una vez a la semana.

Según Warington, el uso de quelato de hierro es más idóneo, porque mantiene su eficacia hasta un pH igual a 7.5. Cuando hay carencia de hierro, se aconseja reducir los aportes de fósforo.

A veces se corre el riesgo de que las aguas no sean idóneas debido a su alto contenido de elementos extraños y nocivos (sobre todo exceso calcáreo, que hace al agua ligeramente alcalina y precipita los fosfatos).

La tolerancia a la sal marina de la mayoría de las plantas cultivadas es de alrededor de 1 a 2 gramos por litro.

Fórmulas

Fórmulas básicas

Una fórmula sencilla de solución nutritiva, que contiene seis de los elementos básicos, para $100\,\ell$ de agua es la siguiente:

Compuesto	Fórmula	Cantidad (g)
Nitrato de calcio	$Ca(NO_3)_2$	118
Sulfato de magnesio	$MgSO_4$	49
Fosfato monopotásico	KH_2PO_4	29

Otra fórmula, un poco más complicada, de ocho elementos, para 100 ℓ de agua es la siguiente:

Compuesto	Fórmula	Cantidad (g)
Nitrato de calcio	$Ca(NO_3)_2$	85
Nitrato de potasio	KNO_3	58
Sulfato de magnesio	$MgSO_4$	42
Fosfato monopotásico	KH_2PO_4	14

Otras fórmulas desarrolladas por diferentes personas, en instituciones de investigación, son las siguientes:

1. Fórmula de la Estación experimental de Ohio:

- Nitrato de potasio (13.8 % N; 46.6 K_2O): 608 g
- Sulfato amónico (21 % N): 110 g
- Fosfato monocálcico (52.6 % P 20.5) Ca $(H_2PO_4)_2$: 282 g
- Sulfato de calcio: 1.214 g
- Sulfato de magnesio: 511 g
- Total de 2.725 g, para diluir en 1000 ℓ de agua

2. Fórmula de la Estación experimental de Gand:

- Nitrato de potasio: 856 g
- Sulfato de amonio: 90 g
- Ácido sulfúrico: 200 g
- Fosfato monopotásico: 300 g
- Sulfato de magnesio hidratado: 550 g

Esta solución es recomendable para el cultivo de plantas ornamentales.

Para suministrar los oligoelementos a las dos fórmulas precedentes se necesita añadir:

- De 2.5 a 5 g de sulfato ferroso ($FeSO_4$)
- De 1.0 a 2 g de sulfato de manganeso ($MnSO_4$)
- De 0.1 a 0.2 g de sulfato de cobre ($CuSO_4$)
- De 0.1 a 0.2 g de sulfato de Zinc ($ZnSO_4$)

3. Fórmula de Matlin:

Está constituida por un conjunto de tres fórmulas (A, B, C); se usan para los cultivos en los cuales se debe controlar con rigor el estado de las soluciones, a fin de que las plantas dispongan de los elementos estrictamente indispensables.

Para su preparación, se deben usar sustancias químicamente puras.

Fórmula A:

- Nitrato de potasio: 68.04 g
- Nitrato de calcio: 45.36 g
- Sulfato de magnesio: 22.68 g
- Fosfato ácido de potasio: 22.68 g

Se aconseja disolver cada una de las sales en un total de 100 ℓ de agua y mezclarlas después en el instante de su utilización. De este modo, las soluciones se podrán conservar por algún tiempo.

Fórmula B:

- Nitrato de manganeso: 5.40 g
- Sulfato de zinc: 0.44 g
- Sulfato de cobre: 0.05 g
- Yoduro de potasio: 0.04 g
- Ácido bórico: 0.20 g

Se disuelven cada uno de los ingredientes en un litro de agua, con excepción del ácido bórico. Se añaden 50 ml de esta solución, cada 94 ℓ, a la fórmula A; una vez a la semana, a partir de la tercera semana, después de haber iniciado el cultivo. Se añade igual cantidad de solución de ácido bórico (que deberá conservarse en una botella aparte).

Fórmula C:

- Nitrato férrico: 8.00 g
- Ácido cítrico: 25.00 g
- Hidróxido de calcio: 22.68 g

El nitrato férrico se disuelve en un litro de agua; cada semana, desde el inicio del cultivo, se añadirá en la cantidad de 100 ml a los cultivos (para conservar las hojas). El ácido cítrico se tiene que disolver en 200 ml de agua y luego añadir gota a gota a la solución, para mantener su grado de acidez. El hidróxido de calcio se disuelve en un litro de agua.

Sólo se usará excepcionalmente, cuando se constate que la solución de cultivo, demasiado ácida, puede ser perjudicial para algunas plantas.

Soluciones nutritivas comerciales

Las formulaciones comerciales para hidroponía vienen preparadas según las exigencias de los cultivos, por lo que sólo es necesario mezclarlas y aplicarlas con agua sobre el sustrato.

Estos nutrientes, ya sea que vengan en forma de polvo o de líquido, se aplican en el área de las raíces, tratando de mojar lo menos posible las hojas, para evitar toxicidad y enfermedades.

No hay que confundir los nutrientes hidropónicos con los nutrientes foliares. Los primeros contienen todos los elementos que una planta necesita para su normal desarrollo y son absorbidos por la raíz; los segundos, fabricados con sales de alta pureza, son únicamente un complemento de una fertilización radicular, que se supone ya realizada.

El nutriente hidropónico debe contener y aportar, en forma balanceada, todos los elementos que una planta necesita para crecer sana, vigorosa y dar buenas cosechas. Se recomienda que el nutriente comercial seleccionado además de tener nutrientes mayores y secundarios también tenga menores.

Existen presentaciones comerciales en forma granulada para aplicarse mezcladas con el sustrato sólido. Este tipo de productos sólo se aplica una vez al sustrato; después, durante tres meses sólo es necesario agregar agua, porque el producto libera lentamente los elementos nutritivos.

Algunos de estos nutrientes de liberación lenta no se recomiendan para alimentar plantas comestibles, y su uso se restringe a plantas ornamentales.

Solución nutritiva en raíz flotante

En el caso del sistema de raíz flotante, lo primero que se debe hacer es calcular la cantidad de agua que tiene el contenedor de cultivo. Una manera de hacerlo es medir y luego multiplicar el largo por el ancho y por la altura que alcanza el agua.

Si la medición se hizo en centímetros el resultado obtenido se divide entre 1000. El resultado es el volumen de agua (expresado en litros) que tiene la cama de cultivo. Por ejemplo, un contenedor que tiene:

Largo: 150 cm, ancho: 100 cm, altura del agua: 10 cm
$150 \times 100 \times 10 = 150\,000 \, cm^3$
Dividido entre 1000 = 150 ℓ

Aireación de la solución nutritiva

Al menos dos veces al día se debe agitar el ambiente líquido, de tal manera que se formen burbujas, lo cual hace posible la aireación de la solución nutritiva. Con esto, las raíces hacen mejor el trabajo de absorber el agua y los elementos nutritivos, lo que incide de forma positiva en su desarrollo. Si no hay aire (oxígeno) en el área de las raíces, primero dejarán de absorber nutrientes y agua; luego, empezarán a morir.

Mantenimiento del nivel de líquido

Cada vez que el nivel del agua baja en forma apreciable, se debe rellenar el contenedor sólo con agua. Cada tercera ocasión que se rellene, es necesario aplicar a la cantidad de agua añadida y la mitad de la solución nutritiva que se aplicó en un inicio.

Solución nutritiva en NFT

Al establecer a las plantas en el sistema NFT se debe recircular únicamente agua sin sales nutritivas, por al menos 24 horas. Después, se aplican los nutrientes para alcanzar la concentración deseada; se sugiere comenzar con niveles bajos de factores de conductividad, entre 15 y 18, para evitar estrés al cultivo.

A la semana de establecidas las plantas se recomienda alcanzar el rango de conductividad preestablecido, de acuerdo con la especie. El volumen de solución nutritiva por utilizar está en relación con el número de plantas por cultivar.

Observaciones de absorción realizadas en el sistema NFT indican que, por ejemplo, para el cultivo de lechuga desde su establecimiento hasta que llega a tener de cuatro a cinco hojas verdaderas, una planta absorbe un aproximado de entre 50 y 100 ml de solución por día.

Posteriormente, al alcanzar su tamaño comercial, absorben entre 200 y 300 ml de solución nutritiva al día.

Además, se debe considerar un 25 % más del volumen requerido de solución, para que ésta permanezca en el estanque colector y permita el funcionamiento constante de la bomba.

Control diario
de la solución nutritiva

Si se utiliza un sistema manual de control de solución ésta tiene que corregirse diariamente, por lo que se deben seguir las siguientes indicaciones:

- a) Primero, se detiene el funcionamiento de la bomba por algunos minutos y se espera que la mayor parte de la solución circulante retorne al estanque colector.
- b) Más tarde, se rellena con agua hasta el nivel inicial de solución, luego se agita y se mide el pH.
- c) Si el pH es superior al valor mínimo del rango óptimo de 5.5, se aplica un pequeño volumen de solución ácida a la mezcla, se agita profusamente y se mide el pH de nuevo. Repetir hasta alcanzar el pH deseado.

Renovación de la solución nutritiva

El tiempo que dura la solución nutritiva depende de su formulación y los cuidados en su mantenimiento.

Si la fórmula contiene altas concentraciones de iones indeseados (sulfatos, carbonatos), la cantidad de elementos nutritivos esenciales puede estimarse a través de la conductividad eléctrica por un periodo extenso de uso.

Así, es factible mantener una solución nutritiva en circulación sólo con correcciones frecuentes de conductividad eléctrica y pH, durante un periodo de tres a cuatro meses que, por ejemplo, cubriría el tiempo de cultivo de tomate.

La manutención de la solución no sólo se basa en las correcciones diarias de ajuste de volumen de agua, conductividad eléctrica y pH, sino que la solución también debe encontrarse limpia y en la oscuridad, condición que se logra al mantener cubiertos, permanentemente, el estanque colector y los tubos colectores.

De esta manera, se reduce la proliferación de algas y la evaporación de la solución, así como la introducción de animales.

Intermitencia
del flujo de la solución

El principio del sistema NFT se basa en la circulación constante del flujo de solución, lo que permite una oferta regular de oxígeno, agua y elementos nutritivos a las plantas. Sin embargo, se han realizado investigaciones para evaluar regímenes de intermitencia, con el fin de favorecer la precocidad en el tomate.

Estos cortes de suministro de solución son de pequeña duración, por lo que no afectarían el desarrollo del cultivo. Otra razón del uso de este sistema con circulación intermitente es la reducción del consumo de energía eléctrica, lo que incidiría en los costos variables de producción.

Estudios preliminares realizados en el cultivo de lechuga confirmarían que sería posible detener la bomba por algunas horas durante la noche, e incluso, por periodos cortos a través del día, sin afectar el rendimiento y la calidad de las plantas.

Pese a ello, es necesario repetir dichas experiencias en este cultivo y otros, en especial para el periodo estival. Si se utilizara un sistema intermitente en una instalación comercial, la detención de la bomba se hace posible por medio del uso de un reloj, al cual se le define previamente el momento de detención y encendido del sistema.

3   Manejo del cultivo

SIEMBRA

Una buena siembra ayuda considerablemente a las plantas a desarrollarse de manera adecuada, tanto al inicio como durante la floración y fructificación. Para esto, hay que asegurarse de que las semillas sean frescas y con un alto poder de germinación. La semilla es, en potencia, una planta completa que está en espera de los estímulos necesarios para iniciar una vida activa.

La germinación se produce cuando la semilla absorbe suficiente agua para que la corteza exterior se abra y el embrión que está dentro empiece su desarrollo. Además, la luz puede estimularla o inhibirla, de acuerdo con la variedad de planta.

Las semillas respiran durante la germinación, por lo que si no existe aire en abundancia se asfixian, por eso hay que tener cuidado con la cantidad de agua que se suministra y con el tipo de medio en el cual se siembra.

En general, para obtener las plántulas de un cultivo hidropónico no se requiere de condiciones diferentes que para un cultivo tradicional en tierra.

La nueva raíz se abre camino hacia abajo (geotropismo positivo) para afirmarse en su base de sustentación, y el pequeño tallo crece hacia arriba en busca de la luz (geotropismo negativo).

A partir de la semilla las plántulas se pueden obtener desde un almácigo o mediante siembra directa en su sitio definitivo (en este caso, será un cultivo en sustrato).

Siembra indirecta

Almaciguera

Hay plantas que por tener semillas muy pequeñas corren el riesgo de quedar bastante enterradas o muy juntas, lo que impediría su buen crecimiento. Además, algunas son sumamente delicadas en su primer tiempo de crecimiento, en el que necesitan protección de la lluvia, del sol directo y de las heladas.

Por esto, muchas hortalizas no pueden sembrarse de manera directa en el lugar definitivo de crecimiento, sino que deben sembrarse en almacigueras. Asimismo, las semillas de plantas por desarrollarse en sustratos de agua no pueden sembrarse directamente, por razones obvias.

La almaciguera no es otra cosa que un pequeño espacio al que se le dan las condiciones óptimas para garantizar el nacimiento de las semillas y el crecimiento inicial de las plántulas. Permite brindar a las semillas un cuidado especial. También, ayuda a economizar semillas porque es más fácil poner sólo la cantidad necesaria.

Entre las especies que necesitan siembra en almácigo y trasplante están la albahaca, la lechugas, el apio, el pimentón, el brócoli, la col, las cebollas, el tomate y la coliflor.

Para hacer los almácigos hay que utilizar sustratos preparados. No se pueden dejar partículas muy grandes ni pesadas, porque no permitirían la aparición de las plantas recién nacidas.

El sustrato utilizado para hacer los almácigos tiene que ser suave, limpio y homogéneo. Se debe nivelar muy bien, para que haya una aparición uniforme.

El sustrato para preparar el almácigo puede ser arena de río, grava, escoria de carbón, aserrín, etc., o una mezcla de ellos. Por ejemplo, arena y aserrín en una proporción de 70/30 por ciento. Una vez llena la caja o el semillero con el sustrato, se efectúa un riego suave y el trazo de surcos.

La profundidad y la distancia en que se trazan los surcos dependen del tamaño de la semilla y de las dimensiones de los primeros estados de la planta.

A continuación, se dejan caer las semillas, una por una, dentro del surco, a las distancias recomendadas para cada especie.

Se recomienda sembrar los almácigos sin prisa, dado que todos los cuidados que se tengan serán compensados con un número elevado de plantas sanas y vigorosas.

Luego de sembradas las semillas, con la palma de la mano se apisona con suavidad el sustrato para expulsar el exceso de aire que pueda haber quedado alrededor de la semilla y aumentar el contacto de ésta con el sustrato.

Después de este apisonamiento suave, se riega de nuevo y se cubre el almácigo con papel periódico en épocas normales, y con papel y un plástico negro en épocas de frío, para acelerar un poco la germinación.

Durante los primeros días después de la siembra, se riega una o dos veces por día para mantener húmedo el sustrato.

Las condiciones de humedad en la almaciguera deben ser más controladas, ya que ni las semillas ni las plantas recién nacidas se desarrollarían si no tienen la cantidad de humedad suficiente.

El mismo día en que ocurre la aparición de las plantas, se descubre el germinador y se deja expuesto a la luz; sin embargo, se debe proteger de los excesos de sol o de frío, con una sencilla cobertura, en las horas de mayor riesgo.

Si el germinador no se destapa a tiempo (el día que se observan las primeras hojas), las plantas se estirarán en busca de la luz y ya no servirán para ser trasplantadas.

A partir del nacimiento, la almaciguera se riega diariamente con una solución nutritiva, se escarda dos veces por semana, y también se debe aporcar (acercar tierra a la base de la planta), para mejorar el anclaje de las plantas y el desarrollo de sus raíces.

Hay que prevenir y controlar las plagas que pudieran presentarse, hasta que las plantas lleguen al estado ideal de ser trasplantadas en los contenedores definitivos. Esto sucede más o menos entre los 20 y 40 días después de la germinación, según las especies y las condiciones del clima.

Unos cinco días antes del trasplante es necesario disminuir la cantidad de agua aplicada durante los riegos y darle a las plantas mayor exposición a la luz, para que consoliden sus tejidos y se preparen para las difíciles condiciones del trasplante. Este proceso se llama endurecimiento de las plántulas; al hacerlo, hay que tener precaución de que el proceso no cause trastornos a las plantas.

El desarrollo final de un cultivo depende, en gran parte, del buen manejo que se le dé a los almácigos y del trasplante oportuno y cuidadoso al sitio definitivo.

Trasplante

El trasplante consiste en el traslado de las plantas desde la almaciguera al lugar definitivo del cultivo. Durante este proceso se recomienda lo siguiente:

a) Hay que trasplantar cuando las plantas en el almácigo han alcanzado el desarrollo de cinco hojas en el caso de las acelgas, lechugas, escarola y apio.

b) En el caso de los tomates, repollos y coliflor, se debe trasplantar cuando las plantas en el almácigo alcanzan un tamaño de 8 a 10 cm; 15 cm en el caso de las cebollas.

c) El trasplante hay que hacerlo en la tarde o en días nublados, para evitar el exceso de calor.

d) En primavera y verano es importante proteger el trasplante con un sombreado durante la primera semana.

e) Al realizar el trasplante, no se debe regar el almácigo el día anterior, ni tampoco el mismo día, a fin de que la tierra no esté barrosa, sólo húmeda y suelta.

f) Para sacar las plantas se usa una palita o una cuchara sopera. Hay que tener mucho cuidado de no cortar ni chapodar las raíces.

g) Sumergir las plántulas en vaso con solución nutriente y sacudirlas suavemente, de modo que desprendan toda la tierra adherida y luego ponerlas en el contenedor definitivo.

Trasplante en sistema de raíz flotante

Para esta operación, se necesitan los siguientes materiales:

- Planchas de poliestireno expandido de 50 cm de ancho por 1 m de largo y 2.5 cm de espesor.
- Espuma plástica de 2.5 cm de espesor.

El procedimiento inicia con la marca en la plancha de poliestireno expandido de los puntos donde irá cada planta, de acuerdo con las distancias recomendadas.

Luego, con un trozo de manguera de cobre de 2.5 cm de diámetro, calentado previamente, se perfora el poliestireno expandido en los puntos marcados. Se cortan cubos de 3 × 3 cm de espuma plástica, y luego se les hace un corte por la mitad con una tijera.

Una vez preparados estos materiales, se coloca el agua con el nutriente en la cama, hasta una profundidad de 10 cm (200 ℓ de agua). Enseguida se colocan las planchas de poliestireno expandido sobre el agua, de manera que floten y que se puedan mover; es decir, no deben quedar muy ajustadas; si esto ocurre, se tienen que cortar los sobrantes.

Por cada cama de 2 m de largo por uno de ancho, se usarán cuatro láminas de poliestireno expandido. A continuación, se sacan con precaución las plantas desde las almacigueras, sin maltratar las raíces. Se deben lavar cuidadosamente con agua para que salga el máximo de sustrato posible. Cada una se coloca en un cuadro de espuma plástica, el cuello queda un centímetro por debajo de la superficie, y sobresalen hacia arriba sólo las hojas verdes.

En este momento, la planta está lista para ser colocada en el orificio del poliestireno expandido realizado previamente. Debe quedar de tal manera que las raíces floten en la solución nutritiva y la espuma plástica cubra todo el orificio.

Trasplante en el método NFT

Si se trasplanta a raíz desnuda, se debe sembrar sobre alguna mezcla de sustrato, como por ejemplo arena con cascarilla de arroz o aserrín.

Lo importante es considerar que cualquier sustrato por utilizar se debe encontrar limpio, de preferencia remojado con anterioridad. Es indispensable contar con un sustrato lo suficientemente húmedo.

Se aconseja sembrar en líneas y que cada semilla quede a una distancia al menos de 3 cm aproximadamente; la profundidad de siembra es de alrededor un centímetro.

Cuando las plantas han alcanzado cinco hojas verdaderas se extraen con cuidado del sustrato con la ayuda de alguna herramienta menor y sin destruir las raíces.

Luego de la extracción de las plantas desde la almaciguera y antes de su establecimiento definitivo al sistema de recirculación, se procede al lavado de raíces.

Para esta operación se requiere de un balde con agua limpia en la que se sumergen y agitan las raíces de las plantas. Se recomienda tomar a la planta por su cuello.

Si se desea trasplantar a raíz cubierta, se utilizan contenedores que permitan el crecimiento de las raíces en su interior. Así, en el momento del trasplante, se lleva cada contenedor individual al sistema de recirculación.

Los contenedores más utilizados son las espumas plásticas de poliuretano de baja densidad; se recomienda utilizar una espuma de densidad no superior a $10\,kg/m^3$ para que las raíces la traspasen con facilidad.

Otro tipo de contenedor usado es la bolsa de plástico negro, que se rellena con algún sustrato inerte, como arena, cascarilla o perlita.

En el momento de llevar este tipo de contenedor al sistema hidropónico definitivo, a las bolsas se les retira de su base para que, así, las raíces queden en contacto directo con la lámina de solución nutritiva recirculante.

Antes de establecer el cultivo en NFT se debe poner en marcha todo el sistema y revisar que todos los elementos que lo constituyen se encuentren en funcionamiento.

En un inicio, se hace circular agua y no la solución nutritiva, pues las plantas requieren al menos un periodo de 24 horas de acondicionamiento. Además, en este lapso se revisará con cuidado la existencia de goteras, para no perder solución.

Una vez trasplantadas es conveniente verificar que las raíces de las plantas se encuentren en contacto directo con la solución nutritiva, ya que pueden quedar atrapadas entre el contenedor y el borde del orificio de la lámina de poliestireno.

Siembra directa

No todas las especies necesitan almácigos para desarrollarse en sus primeras semanas de vida; existen algunas especies que se siembran de manera directa en el sitio definitivo.

Estas especies no resisten el trasplante o desde el comienzo se desarrollan con mucho vigor y no requieren cuidados especiales que garanticen sus primeros días de vida.

Algunas de las especies que se adaptan a la siembra directa son las arvejas, las sandías, el cilantro, los rábanos, los frijoles, el melón, las fresas y las zanahorias.

Tablas de cultivo

Especies de siembra directa en huertas hidropónicas

Distancias de siembra recomendadas

Especie	Distancia (cm)		Población
	Entre plantas	Entre surcos	Plantas por m²
Ajo	10	7	115
Chícharo	12	10	67
Cebolla de rama	30	30	11
Cilantro	10	5	162
Fresa o frutilla	25	25	13
Haba	20	15	27
Frijol o poroto verde	15	15	36
Frijol o poroto seco	15	15	36
Melón	30	30	11
Nabo de cuello morado*	10	10	81

Pepino de ensalada	30	30	11
Rabanito rojo	8	5	202
Remolacha o betabel*	15	10	54
Sandía o patilla	40	40	5
Zanahoria	8	10	102
Calabaza italiana	50	40	4
Calabaza común	50	40	4

* Estas especies se pueden sembrar directamente en el sitio definitivo, pero también por el sistema de trasplante.

Periodos de tiempo transcurrido entre fases

Especie	Periodo transcurrido desde	
	Siembra a germinación (días)	Germinación a cosecha (días)
Ajo	8	120
Arveja	5	90
Calabacín o calabaza italiana	7	90
Cebolla de rama	15	110**
Cilantro	17	60
Fresa o frutilla	15	90
Haba	8	100
Habichuela	5	70
Frijol o poroto seco	5	100
Melón	6	90
Nabo de cuello morado*	5	80
Pepino de ensalada	5	70

(*continuación*)

Especie	Periodo transcurrido desde	
	Siembra a germinación (días)	Germinación a cosecha (días)
Sandía o patilla	8	90
Zanahoria	18	120
Calabaza común	7	120

* Estas especies se pueden sembrar directamente y también se pueden trasplantar.

** Después de la primera cosecha, se hacen recolecciones permanentes cada 60 días, al menos durante 18 meses, y si el manejo es adecuado pueden permanecer en producción durante tres años.

Especies que se siembran por el sistema de trasplante

Distancias de siembra recomendadas

Especie	Distancia (cm)		Población
	Entre plantas	Entre surcos	Plantas por m²
Acelga	20	20	21
Apio	20	20	21
Berenjena	40	40	5
Betabel o remolacha	15	10	54
Brócoli	30	25	11
Cebolla	12	10	67
Cebollín	10	8	101
Ciboullet	15	10	54
Col china	25	25	13
Coliflor	30	30	9
Espinaca	17	17	28
Lechuga flotante	17	17	28
Lechuga en sustrato	20	17	23

Lulo o naranjilla	50	40	4
Nabo blanco	10	8	101
Perejil liso	15	12	45
Perejil rizado	15	12	45
Pimentón	35	30	8
Puerro	10	10	81
Repollo o col	30	25	11
Tomate	35	30	8
Tomillo	17	17	28

Periodo de tiempo transcurrido entre fases

Especie	Periodo transcurrido desde		
	Siembra a germinación (días)	*Germinación a trasplante (días)*	*Trasplante a cosecha (días)*
Acelga	12	18 a 25	70 c. p.*
Apio	20	30 a 35	95
Berenjena	10	20 a 25	75
Betabel o remolacha	10	20 a 25	85
Brócoli	7	20 a 25	75
Cebolla	10	30 a 35	80
Cebollín	10	30 a 35	55
Ciboullet	10	30 a 35	70 c. p.*
Col china	6	18 a 20	60
Coliflor	7	20 a 25	75
Espinaca	8	18 a 22	75
Lechuga flotante	5	15 a 18*	45
Lechuga en sustrato	5	20 a 22	55

(*continuación*)

Especie	Periodo transcurrido desde		
	Siembra a germinación (días)	*Germinación a trasplante (días)*	*Trasplante a cosecha (días)*
Lulo o naranjilla	30	45 a 50	80
Nabo blanco	5	15 a 18	45
Perejil liso	15	22 a 25	75 c. p.*
Perejil rizado	15	22 a 25	70 c. p.*
Pimentón	12	35 a 40	80
Puerro	10	35 a 40	80
Repollo	7	30 a 35	90
Tomate	6	18 a 22	65

* Cuando se trata del sistema flotante, éste es el tiempo para hacer el primer trasplante; el segundo se realiza entre 12 y 18 días después del primero. Este tiempo varía según el clima durante el desarrollo del almácigo y también depende del adecuado manejo (riesgos, nutrición, escardas, aporques, etc.).
c. p. Cosecha permanente, para formar manojos con las hojas que alcanzan el desarrollo apropiado (cada dos o tres semanas).

 RIEGO

Todas las técnicas de cultivo hidropónico disfrutan del principio de las soluciones nutritivas suministradas y se diferencian por el sistema en que la solución misma está en contacto con la planta. En los sistemas sobre sustrato, la solución entra en contacto con el cultivo mediante el riego.

La frecuencia de los ciclos de riego va en relación con la naturaleza de la planta, su estado de desarrollo, condiciones climáticas (como intensidad lumínica, longitud del día, temperatura) y el tipo de sustrato utilizado como medio de cultivo.

En condiciones de invernadero de alta intensidad de luz, acompañada de altas temperaturas, el porcentaje de evaporación de las plantas se incrementa mucho y, como resultado, la absorción del agua aumenta significativamente.

Razón por el cual, la frecuencia de los ciclos tiene que ser suficiente para impedir cualquier déficit de agua en las plantas que provoquen un estrés hídrico, con sus lamentables consecuencias.

La duración de cualquier ciclo de riego tiene que ser suficiente para proporcionar un filtrado del medio adecuado, para que se puedan evacuar los nutrientes excesivos a través del sustrato.

De no ser así, se formarían niveles de sal que causarían un retraso en el crecimiento, e incluso una toxicidad en las plantas, además de su muerte.

Un sistema de riego consta de un tanque para el agua y nutrientes, tuberías de conducción de agua y goteros o aspersores (emisores). El tanque debe ser inerte con respecto a la solución nutritiva; de fácil limpieza, mantenimiento y desinfección.

El tamaño puede variar según el cultivo, localidad, método de control de la solución nutritiva, etc.; cuanto más pequeño sea, más frecuente será la necesidad de controlar su volumen y composición.

En caso de riego por gravedad, el tanque deberá tener suficiente altura para así lograr buena presión en los goteros; si se riega mediante bombeo, el tanque será, de preferencia, subterráneo.

Sistemas de riego

La elección de la técnica de riego depende de numerosos factores, como las propiedades físicas del sustrato, los elementos de control disponibles, las características de la explotación, etcétera.

El sistema de riego y las características físicas del sustrato están estrechamente relacionados entre sí, por lo que ambos se tomarán en cuenta al elegir el sistema de riego.

Desde el punto de vista del movimiento del agua en el sustrato, los sistemas de riego se pueden clasificar en dos grandes grupos: en el primero, donde encontramos el goteo y la aspersión, el aporte del líquido es de arriba hacia abajo, y su movimiento regido por la gravedad, principalmente; en el segundo, donde podemos encontrar la subirrigación, el aporte del agua es de abajo hacia arriba y su movimiento está regido por las fuerzas capilares.

Riego localizado o por goteo. Consiste en aplicar agua a cada planta mediante un microtubo provisto de una salida de bajo caudal; es uno de los métodos más utilizados. Al emplearlo, se aumenta la producción de los cultivos, se disminuyen los daños por salinidad, se acorta el periodo de crecimiento (cosechas más tempranas) y se mejoran las condiciones fitosanitarias.

Riego por aspersión. En este sistema el agua es llevada a presión por medio de tuberías y emitida mediante aspersores que simulan la lluvia y llega a la planta a una cierta altura y cae sobre el follaje. Ha sido muy utilizado, pero en la actualidad está en recesión.

Riego por subirrigación. Es una técnica que consiste en suministrar el agua a la base del cultivo. Este aporte se realiza mediante el llenado de agua de una bandeja donde están colocadas las plántulas, y se puede realizar por elevación de la lámina de agua de la bandeja (flujo-reflujo) o haciendo fluir agua por unos canalones; es el método que se está implantando en los últimos tiempos.

CONTROLES DE CULTIVO

Aireación de las soluciones

Uno de los requisitos indispensables para obtener buenos resultados es la frecuente aireación de la solución nutritiva, ya que las raíces necesitan oxígeno para desarrollarse.

Otra razón por la cual la solución debe estar bien oxigenada es por los patógenos. Un factor común en la mayoría de las infestaciones es el bajo nivel de oxígeno disuelto en la solución.

Cuando el recipiente que contiene la solución nutritiva es pequeño y la superficie de agua relativamente grande, la cantidad de aire en contacto con ella puede suplir las necesidades de las raíces, proveyéndolas del oxígeno suficiente.

Si la solución ocupa un volumen mayor y si las raíces están demasiado hundidas, la renovación del oxígeno, a través de la superficie libre del líquido, es insuficiente y resulta necesario llevar a cabo uno de los diversos medios de oxigenación:

- Emersión temporal de las raíces
- Emersión constante de la base de las raíces
- Agitación de la superficie del líquido
- Chorreo del líquido en el aire a modo de cascada
- Inyección de aire en el líquido

El medio más simple, si la forma del recipiente y la cantidad de líquido lo permiten, es agitar una o más veces al día la superficie de la solución durante dos minutos con una varita de madera o una cuchara de plástico.

Asimismo, el método de la cascada es bueno desde todos los puntos de vista, ya que asegura la agitación, homogeneización y oxigenación del líquido de forma simultánea, pero requiere el bombeo de toda la solución.

El sistema más usado es el que consiste en inyectar aire en el medio durante cinco minutos, una o dos veces al día. Esto se hace con una jeringa o bomba eléctrica de acuario.

Control del pH y de la conductividad eléctrica

El pH y la conductividad eléctrica (CE) de una solución nutritiva deben revisarse todos los días en sistemas recirculantes y, por lo menos una vez a la semana, en los sistemas abiertos.

La CE se utiliza de forma amplia para indicar los constituyentes totales que se encuentran ionizados en el agua; además de que está muy relacionada con la concentración total de sales.

Una solución conduce la electricidad mucho mejor cuanto mayor es su concentración de sales; esta propiedad se aprovecha para medir la salinidad en términos de CE.

La unidad para expresar la conductividad es el miliohms por centímetro (mmhos/cm).

pH

Otro parámetro que se tiene que controlar para mantener disponibles los elementos nutritivos en la solución nutritiva es el pH, es decir, el grado de acidez o alcalinidad de la solución.

El rango de pH en el cual los nutrientes se encuentran disponibles ocurre entre 5.5 y 7; para medir el pH se utiliza un medidor portátil.

Para disminuir el pH a un valor mínimo de 5.5 se agrega una solución ácida, la cual se compone de una mezcla de ácido nítrico (HNO_3) y ácido ortofosfórico (H_3PO_4), en una proporción de 3:1, preparada a 5 por ciento.

Es decir, al preparar 10 ℓ de solución con la mezcla indicada, se agrega a 9500 ml de agua en un contenedor, 380 ml de ácido nítrico (HNO_3) y 120 ml de ácido ortofosfórico (H_3PO_4).

Si no se dispusiera de alguno de estos dos ácidos, se sugiere preparar la solución con el ácido existente, se agregan 500 ml de ácido nítrico (HNO_3) o ácido ortofosfórico (H_3PO_4) a 9500 ml de agua.

La manipulación de la solución ácida, así como su preparación, la debe realizar una persona responsable, además de usar gafas y guantes protectores.

También, hay que tener cuidado de que no existan derrames de los ácidos concentrados ni de la solución ácida.

Tampoco hay que olvidar que al prepararla el ácido siempre se tiene que agregar a un volumen de agua previamente depositado en el contenedor; de otra forma se corre el riesgo de que ocurra una explosión.

No es necesario que los tipos de ácidos utilizados sean productos puros; por el contrario, se deben utilizar de preferencia, ácidos para uso comercial con un 85 % de pureza.

Si es necesario alcalinizar la solución nutritiva, se prepara una solución básica a 10 % de hidróxido de potasio (KOH), para luego aplicar un pequeño volumen a la solución.

Los gránulos de este compuesto se agregan a 500 ml de agua y se agitan constantemente; luego se rellena con el agua restante hasta alcanzar un litro de solución.

Conductividad eléctrica (CE)

La CE de una solución nutritiva es una medida de fuerza de ésta; los niveles recomendables para los diversos cultivos son los siguientes:

Cultivo	CE (mmhos/cm)
Apio	1.2
Arroz	2.0
Betabel	2.7
Brócoli	1.9
Calabaza italiana	3.1
Cebada	5.3
Cebolla	0.8
Espinaca	1.3
Frijol	0.7
Lechuga	0.9
Maíz	1.1
Tomate	1.7
Trigo	4.0
Zanahoria	0.7

Control de salinidad

Las plantas, cultivadas en terreno o en hidrocultivo, reaccionan de forma diversa en relación con la concentración salina:

• Plantas que son muy sensibles a la sal.
• Plantas que soportan bastante bien las sales.
• Plantas ávidas de sustancias nutritivas y que soportan salinidades elevadas.

Al primer grupo pertenecen las que se desarrollan con regularidad en soluciones de concentración 0.5 a 2.0 g/ℓ; entre estos cultivos están los helechos, algunas orquídeas, las bromeliáceas, las lechugas y las cucurbitáceas.

En el segundo grupo se encuentra el mayor número de plantas, para las cuales la concentración es de 2 a $4\,g/\ell$; entre estos cultivos se pueden mencionar el clavel, la rosa, el crisantemo y el espárrago.

Como concepto base hay que recordar que las plantas jóvenes son más sensibles. Por tanto, al comienzo del cultivo, es necesario respetar los límites inferiores, para aumentar después la concentración, a medida que las plantas se desarrollan.

Tolerancia a la salinidad de diversos cultivos

Tolerantes	Betabel, calabaza italiana, trigo, cebada
Moderadamente sensibles	Brócoli, tomate, lechuga, apio, maíz, espinaca, arroz
Sensibles	Cebolla, zanahoria, frijol

Otras labores de manejo

En los dos métodos, tanto en el de sustrato sólido como en el líquido, es importante tener cuidado constante con la presencia de polvo y desperdicios vegetales, pues estas condiciones antihigiénicas provocan enfermedades y la aparición de insectos que afectan la calidad de las cosechas.

También es conveniente evitar que los cultivos reciban exceso de sol o bajas temperaturas, especialmente heladas. Contra los excesos de sol, los cultivos se pueden sombrear con una red oscura, para reducir la radiación solar.

Comercialmente, existen distintas mallas para filtrar diferentes porcentajes de luz, de manera que se puede escoger la que más se ajuste a las condiciones de clima.

Para los excesos de frío, se recomienda cubrir los cultivos más susceptibles con plásticos transparentes, de preferencia de uso agrícola, durante los días u horas en que haya más riesgo.

4 Cultivos hidropónicos hortícolas

Los factores que determinan los cultivos por implantar son las condiciones agroclimáticas disponibles (calidad del agua de riego, microclima, época de cultivo, etc.), así como los canales de comercialización hortícolas existentes en la zona.

Podemos citar, por orden de aceptación entre los cultivadores de hidroponía, las siguientes hortalizas: pimiento de Gernika, tomate, lechuga, judía de enrame, tomate, pepino, pimiento de asar, acelgas, entre otras.

Cada uno de estos cultivos tiene cuidados culturales y exigencias medioambientales y nutricionales específicas, aunque existen formulaciones de soluciones nutritivas con las que la mayoría de los cultivos vegetan de forma adecuada.

El fin que se persigue (obtención de un rendimiento lo más cercano posible al potencial del cultivo) hace que cada especie necesite una programación de nutrición hídrica y mineral a su medida.

El siguiente cuadro nos muestra una comparación entre el rendimiento que se obtiene al cultivar en suelo y el del cultivo hidropónico.

Cultivo	Rendimiento medio en suelo (Ton/Ha/Cosecha)	Rendimiento medio en hidroponía (Ton/Ha/Cosecha)
Jitomate	35 - 40	150 - 400
Papa	20 - 30	120 - 150
Pepino	15 - 30	150 - 300
Pimiento morrón	20 - 40	80 - 100
Zanahoria	20 - 30	60 - 80
Betabel	10.0	30.0
Chile	20 - 30	60 - 80
Lechuga	10.0	23.0
Calabaza	14.0	20.0
Arroz	1 - 1.5	5 - 6
Trigo	0.6	4.5
Chícharo	2.5	22
Frijol	12.0	51
Soya	0.6	1.8
Avena	1 - 1.2	8.0
Col	14 - 15	20.0

REQUERIMIENTOS DEL CULTIVO

Sustratos

Un sustrato es el medio material donde se desarrolla el sistema radicular del cultivo. En sistemas hidropónicos presenta un volumen físico limitado, debe encontrarse aislado del suelo y tiene como función proporcionar a la raíz el oxígeno y los nutrientes necesarios. Los sustratos sólidos funcionan como anclaje de la planta.

Densidad de diferentes sustratos (kg/dm^3)	
Corteza	0.2 - 0.3
Arena	2.0
Piedra pómez	0.5 - 0.9
Cascarilla de arroz	0.12
Escoria de carbón	0.6 - 0.85

No existe el sustrato ideal; cada uno presenta una serie de ventajas e inconvenientes, y su elección dependerá de las características del cultivo por implantar y las variables ambientales y de instalación.

Los sustratos deben tener gran resistencia al desgaste o a la meteorización, y es preferible que no contengan sustancias minerales solubles, para no alterar el balance químico de la solución nutritiva.

Tampoco debe ser portador de ninguna forma viva de macro o microorganismo, para disminuir el riesgo de propagar alguna enfermedad.

Características deseables de un buen sustrato

a) Que las partículas que lo componen tengan un tamaño no inferior a 0.5 mm y no superior a 7 mm.

b) Que retenga una buena cantidad de humedad, pero que también facilite la salida de los excesos de agua que pudieran caer con el riego o con la lluvia.

c) Que no se descomponga o degrade con facilidad.

d) De preferencia, que tenga una coloración oscura.

e) Que carezca de elementos nutritivos.

f) Que no contenga microorganismos perjudiciales a la salud de los seres humanos o de las plantas.

g) Que sea fácil de desinfectar y estable ante los agentes que se puedan utilizar para desinfectarlo (vapor de agua, solarización, productos fitosanitarios).

h) Que no contenga residuos industriales o humanos.

i) Que sea abundante y fácil de conseguir, transportar y manejar.

j) Que sea de bajo costo.

k) Que sea liviano.

l) Que tenga la capacidad de intercambio catiónico compatible con el tipo de fertirrigación aplicado: alta, si la fertirrigación es intermitente, y baja, si es permanente.

m) Baja salinidad y alta disponibilidad de sustancias nutritivas asimilables.

n) Poder de amortiguamiento, en especial para mantener el pH del medio.

o) Velocidad de descomposición lenta.

Los materiales ya probados en varios países de América Latina y que cumplen con la mayoría de estos requisitos se clasifican en sustratos de origen orgánico, de origen inorgánico, mezclas y materiales sintéticos.

Sustratos de origen orgánico

- Cascarilla de arroz
- Aserrín o viruta desmenuzada de maderas amarillas

Cuando se utilizan residuos (aserrín) de maderas, es preferible que no sean de pino ni de maderas de color rojo, porque contienen sustancias que pueden afectar a las raíces de las plantas.

Si sólo es posible conseguir material de estas maderas, previamente se debe lavar con abundante agua y dejar fermentar durante algún tiempo; se recomienda no usar en cantidad superior a 20 % del total de la mezcla.

Si se utiliza cascarilla de arroz, es necesario lavarla, dejarla fermentar bien y humedecerla de 10 a 20 días antes de sembrar o trasplantar, según el clima de la región (menos días para los climas calientes).

Sustratos de origen inorgánico

- Escoria de carbón mineral quemado.
- Escorias o tobas volcánicas.
- Arenas de ríos o corrientes de agua limpias que no tengan alto contenido salino.
- Grava fina.
- Maicillo.

Cuando se usan escorias de carbón, tobas volcánicas o arenas de ríos, deben lavarse de cuatro a cinco veces en grandes recipientes, para eliminar todas aquellas partículas pequeñas que flotan. El sustrato está en condiciones de ser usado cuando el agua del lavado sale clara.

Si las cantidades de sustrato que se necesitan son muy grandes, entonces se deben utilizar arneros o mallas durante el lavado, para retener las partículas de tamaño superior a medio milímetro.

El exceso de partículas con tamaños inferiores al mínimo indicado (0.5 mm) complica el drenaje de los excedentes de agua y, por tanto, limita la aireación de las raíces.

Las de tamaños superiores (0.7 mm) impiden la germinación de las semillas pequeñas, como las de apio y lechuga y, además, restan consistencia al sustrato. Esto limita la retención de humedad y la correcta formación de bulbos, raíces y tubérculos.

Algunas escorias de carbón o de volcanes tienen niveles de acidez muy altos, y algunas arenas (las arenas de mar) los tienen muy bajos (alcalinas).

Estos materiales se tienen que lavar con sumo cuidado, hasta que no les queden sustancias que los hagan muy ácidos o muy básicos.

Si con el lavado no es posible acondicionar estos materiales a niveles ligeramente ácidos o próximos a la neutralidad (pH 6.5 – 7.0), es preferible excluirlos y utilizar otros.

Mezclas

Todos los materiales mencionados se pueden utilizar solos. Sin embargo, algunas mezclas de ellos se han probado con éxito en diferentes proporciones para el cultivo de más de 30 especies de plantas.

Las mezclas más recomendadas, de acuerdo con los ensayos hechos en varios países de América Latina y el Caribe, son:

- 50 % de cáscara de arroz con 50 % de escoria de carbón
- 80 % de cáscara de arroz con 20 % de aserrín
- 60 % de cáscara de arroz con 40 % de arena de río
- 60 % de cáscara de arroz con 40 % de escoria volcánica

En el sistema hidropónico con sustrato sólido, la raíz de la planta crece y absorbe agua y nutrientes que son aplicados diariamente a la mezcla de materiales sólidos.

Materiales sintéticos

Entre los materiales sintéticos se puede nombrar las espumas de poliuretano y el poliestireno expandido, aunque su uso está poco difundido.

Las pruebas de hidrocultivo sobre materiales sintéticos dilatables han demostrado resultados contradictorios. La mayor parte de las plantas cultivadas murieron por envenenamiento de formaldehído.

Al usar una mezcla de materiales esparcidos (poliestirol) se han obtenido buenos resultados con la chicoria y el perejil.

Otro producto conocido es el *Styromull*, que se presenta en forma de copos de espuma de poliestireno; exentos de materias nutritivas, además su espacio poroso es cerrado. Se emplea para ablandar el terreno y como coadyuvante en ciertos sustratos.

También hay que mencionar un musgo de poliuretano; este sustrato tiene poros abiertos y cerrados que les permite almacenar aire y agua.

Una fábrica alemana de plástico ha preparado una especie de red llamada biolaston en cloruro de polivinilo negro, óptima como sustrato para el cultivo de orquídeas.

Residuos que se pueden usar como sustratos

Actividad	Residuo/subproducto
Explotación agrícola	Composta de champiñones, pajas de cereales, restos de poda, etcétera
Explotación forestal	Cortezas, aserrín y virutas de madera, residuos de corcho, tierra de bosque, etcétera
Explotación ganadera	Estiércoles, gallinaza, pieles y lana, etcétera
Explotación minera	Estériles del carbón, arenas de rebajes, tierra volcánica
Industria agroalimentaria	Cascarilla de arroz, fibra de coco, orujos de uva, residuos de café y cacao, etcétera
Industria siderúrgica	Escoria cristalizada de horno alto
Industria textil	Algodón, fibras acrílicas, lana

MEDIO AMBIENTE

Agua

En cuanto a la calidad, como regla general, si el agua es apta para el consumo humano también debe servir para el cultivo hidropónico.

Las aguas "duras" que contienen concentraciones de calcio pueden ocasionar problemas, ya que el calcio se deposita y puede taponar orificios en las instalaciones de riego.

También se podrán utilizar aguas con alto contenido de sales, pero habrá que tener en cuenta el tipo de cultivo, pues sólo algunos de ellos (el tomate, el pepino, la lechuga o los claveles) son más tolerantes.

Hay que tener muy presente la calidad microbiológica del agua; si se sospecha que está contaminada, la cloración es el camino más utilizado para desinfectarla, por su economía y facilidad de aplicación (hipoclorito de sodio, 2 a 5 ppm de cloro).

Es importante hacer notar que el agua, aun con el pH en un rango normal (de 6.5 a 8.5), puede contener ciertos iones que en concentraciones superiores a ciertos límites causan problemas de toxicidad a las plantas.

Esta toxicidad por lo general ocasiona reducción de los rendimientos, crecimiento no uniforme, cambios en la morfología de la planta y, eventualmente, su muerte. El grado de daño que se registre dependerá del cultivo, la etapa de crecimiento en que se encuentre, la concentración del ion y del clima.

Los iones fitotóxicos más comunes, presentes en las aguas de riego, son el boro (B), cloro (Cl⁻) y sodio (Na⁺):

- *Boro.* Se considera que una concentración de este elemento en el agua de riego inferior a 0.7 mg/ℓ, no presenta restricciones en su uso. Entre 0.7 y 3.0 mg/ℓ presenta moderadas restricciones y sobre 3.0 mg/ℓ presenta serias restricciones.
- *Cloro.* En términos generales, se considera que su concentración en el agua de riego inferior a 140 mg/ℓ no presenta restricciones en su uso. Entre 140 y 280 mg/ℓ presenta moderadas restricciones, y sobre 280 mg/ℓ presenta serias restricciones.
- *Sodio.* Se considera que una concentración de este elemento en el agua de riego inferior a 60 mg/ℓ no presenta restricciones en su uso. Entre 60 y 70 mg/ℓ presenta moderadas restricciones, y sobre 70 mg/ℓ presenta serias restricciones.

Luz

Es un elemento vital para el crecimiento de las plantas, pero no todas necesitan la misma cantidad. Es conveniente que los cultivos reciban la mayor cantidad posible de luz, en especial durante el invierno, por lo que es aconsejable colocarlos cerca de ventanas y en habitaciones pintadas de colores claros.

Si se elige un lugar abierto, debe procurarse que no le dé el sol de lleno al cultivo durante todas las horas del día. Durante los meses estivales, conviene protegerlos contra la luz solar intensa, con redes que les den sombra.

En ocasiones, para mejorar la iluminación, basta con escoger la posición más adecuada para los invernaderos de modo que aprovechen al máximo la luz solar.

Cuando se hace frente al problema de la luz artificial, es preciso considerar dos fases principales. Para la primera, es suficiente una intensidad luminosa relativamente débil; para la segunda, que favorece el proceso fotosintético, es necesaria una fuerte intensidad.

Los tipos de lámparas pueden ser incandescentes, fluorescentes y de mercurio. La altura del montaje varía según el tipo de cultivo y el grado de iluminación deseado.

En lugares de luz escasa, se recomienda instalar lámparas fluorescentes, que dan menos calor que las de filamento.

Al aplicar la técnica de iluminación con lámparas, resulta económico sólo para pequeñas superficies o para plantas de gran rendimiento.

Fotoperiodicidad de algunos vegetales

a) Brevidiurnas (fotoperiodo hasta de 10 horas):

- Hortalizas: fresa, berenjena, papa
- Flores: caléndula, crisantemo

b) Neutrodiurnas (no sensibles al ritmo fotoperiódico):

- Hortalizas: brócoli, col, coliflor, cebolla, sandía, tomate
- Flores: ciclamen

c) Longidiurnas (fotoperiodo de 16 horas o más):

- Hortalizas: acelga, zanahoria, repollo, haba, lechuga, lenteja, chícharo, nabo, apio, espinaca
- Flores: gardenia, amapola, reseda odorata, violeta tricolor

Aire

La ventilación de los cultivos hidropónicos es muy importante, especialmente los instalados en lugares cerrados, donde debe haber una buena circulación de aire fresco.

Sin embargo, las corrientes fuertes y el polvo son muy perjudiciales. En lugares abiertos hay que proteger los cultivos de los vientos fuertes, pues afectan la polinización de las flores, las secan e impiden el vuelo de los insectos.

En cambio, los vientos moderados suelen favorecer la circulación de la savia, facilitan la fecundación, transportan el polen y renuevan el aire en el medioambiente de la planta.

Si el ambiente es muy seco, debe humedecerse, rociar de forma moderada las hojas y tomar en consideración que el exceso de humedad puede provocar el desarrollo de enfermedades y hongos.

Temperatura

La temperatura óptima para el crecimiento de la mayoría de las plantas hortícolas está entre los 15 y 35 °C. Las plantas que se establecen en un clima diferente al que las caracteriza pueden verse afectadas. El grado de adaptación de una planta a temperaturas cambiantes varía según la especie.

El congelamiento es uno de los fenómenos más destructivos de las plantas, como también lo es el sol directo, durante el verano, en lugares de clima muy cálido.

Temperatura óptima en grados centígrados

Cultivo	Germinación	Floración	Manutención	Desarrollo
Tomate	25-30	16-20	16-20	20.0
Berenjena	28.0	-	-	21-29
Pimiento	24-25	28.0	28.0	21-28
Pepino	14-35	20-25	20-25	26-30
Melón	25-30	20-25	20-25	20-25
Calabacita	25-35	-	-	24-26
Lechuga	15-25	-	-	15-18
Espinacas	5-25	-	-	15-18
Zanahoria	6-8	-	-	7-15
Col	6-8	-	-	7-15
Cebolla	6-8	-	-	-

Humedad atmosférica

Para que se realice una adecuada asimilación es importante que el estado higrométrico del aire sea óptimo para la planta. En efecto, la humedad ejercita su influencia sobre el funcionamiento del cambio gaseoso con la atmósfera. Una humedad relativamente insuficiente impide la absorción del gas carbónico y, en consecuencia, la absorción radical.

Las plantas con un aparato foliar muy desarrollado evaporan fuertes cantidades de agua y, por consiguiente, son muy exigentes respecto al grado higrométrico. En los cultivos de invernadero, la humedad tiene valores siempre superiores en relación con el cultivo en pleno campo, lo que permite prolongar el periodo de fotosíntesis.

El promedio ideal de humedad, para la mayoría de los vegetales, es de 75 %. Cuando la tasa higrométrica alcanza niveles no idóneos para el cultivo, se tiene que proceder a humidificar el ambiente, lo que a veces se consigue simplemente con regar la superficie cubierta del invernadero.

En las instalaciones muy especializadas es conveniente recurrir al auxilio de equipos de humidificación; los más comunes son:

- Humidificadores estáticos
- Humidificadores de filtro evaporatorio
- Humidificadores de pulverización

NUTRIENTES

De acuerdo con las cantidades que las plantas consumen de cada uno de ellos (no todos son consumidos en igual cantidad), los nutrientes son clasificados en tres grupos:

- Elementos mayores
- Elementos secundarios
- Otros elementos (cobre, boro, hierro, manganeso, zinc, molibdeno y cloro)

Elementos mayores. Son el nitrógeno, el fósforo y el potasio, debido a que normalmente las plantas los necesitan en grandes cantidades.

Elemento	Características	Deficiencia	Toxicidad
Nitrógeno (N)	Otorga el color verde intenso a las plantas. Fomenta el rápido crecimiento. Aumenta la producción de hojas. Mejora la calidad de las hortalizas. Aumenta el contenido de proteínas en los cultivos.	La planta tiene aspecto enfermizo. Presenta color verde amarillento por la pérdida de clorofila. Su desarrollo es lento y escaso. Tiene amarillamiento inicial y secado posterior de las hojas de la base de la planta.	Cuando se le suministra en cantidades desbalanceadas, en relación con los demás elementos, la planta produce mucho follaje de color verde oscuro y el desarrollo de las raíces se reduce. Además, la floración y la producción de frutos y semillas se retardan.
Fósforo (P)	Estimula la formación y el crecimiento rápidos de las raíces. Acelera la maduración y estimula la coloración de los frutos. Ayuda a la formación de las semillas. Da vigor a los cultivos.	Aparición de hojas, ramas y tallos de color purpúreo. Presenta desarrollo y madurez lentos, y aspecto raquítico en los tallos. Muestra mala germinación de las semillas. Tiene bajo rendimiento de frutos y semillas.	Los excesos de fósforo no son notorios a primera vista, pero pueden ocasionar deficiencia de cobre o de zinc.
Potasio (K)	Otorga a las plantas gran vigor y resistencia. Aumenta el tamaño de las semillas. Mejora la calidad de los frutos. Ayuda al desarrollo de los tubérculos. Favorece la formación del color rojo en hojas y frutos.	Las hojas de la parte más baja de la planta se queman en los bordes y puntas; también tienden a enrollarse. Debido al pobre desarrollo de las raíces, las plantas se degeneran antes de llegar a la etapa de producción. En leguminosas da lugar a semillas arrugadas y desfiguradas que no germinan o que originan plántulas débiles.	No es común el exceso de potasio, pero altos niveles en las soluciones nutritivas pueden ocasionar deficiencia de magnesio, manganeso, zinc y hierro.

Elementos secundarios. Se llaman así porque las plantas los consumen en cantidades intermedias; sin embargo, son muy importantes en la constitución de los organismos vegetales. Ellos son el calcio, el magnesio y el azufre.

Elemento	Características	Deficiencia	Toxicidad
Calcio (Ca)	Mejora el vigor general de las plantas. Activa la temprana formación y el crecimiento de las raíces. Neutraliza las sustancias tóxicas que producen las plantas. Estimula la producción de semillas. Aumenta el contenido de calcio en el alimento humano y animal.	Las hojas jóvenes de los brotes terminales se doblan y se queman en sus puntas y bordes. Las hojas jóvenes permanecen enrolladas y tienden a arrugarse. En las áreas terminales pueden aparecer brotes nuevos de color blanquecino. Puede producirse la muerte de los extremos de las raíces. En tomates y sandías, la deficiencia ocasiona el hundimiento y posterior pudrición de los frutos.	No se conocen síntomas de toxicidad por excesos, pero éstos pueden alterar la acidez del medio de desarrollo de la raíz, lo que afecta la disponibilidad de otros elementos para la planta.
Magnesio (Mg)	Es un componente esencial de la clorofila. Es necesario para la formación de los azúcares. Ayuda a regular la asimilación de otros nutrientes. Actúa como transportador del fósforo. Promueve la formación de grasas y aceites.	Hay pérdida del color verde. Los tallos se forman débiles y las raíces se ramifican y alargan. Las hojas se tuercen hacia arriba.	No existen síntomas visibles.

Azufre (S)	Es un ingrediente esencial de las proteínas. Ayuda a mantener el color verde intenso. Activa la formación de nódulos nutrificantes en algunas especies leguminosas. Estimula la producción de semilla. Ayuda al crecimiento vigoroso de las plantas.	Cuando se presenta deficiencia (lo que no es muy frecuente): las hojas jóvenes toman color verde claro y sus venas un color aún más claro; el espacio entre las nervaduras se seca. Asimismo, los tallos son cortos, endebles, de color amarillo y el desarrollo es lento y raquítico.	

Otros elementos. Existen algunos elementos (cobre, boro, hierro, manganeso, zinc, molibdeno y cloro) que las plantas necesitan en cantidades muy pequeñas, pero son fundamentales para regular la asimilación de los otros elementos nutritivos.

Tienen funciones muy importantes, especialmente en los sistemas enzimáticos. Si uno de los elementos menores no existiera en la solución nutritiva, las plantas podrían crecer, pero no llegarían a producir de acuerdo con su potencial.

OTROS REQUERIMIENTOS

pH

Es el grado de acidez o de alcalinidad de una solución, y varía en una escala de 0 a 14, en donde el grado 7 es neutro.

Las soluciones con pH inferior a 4 o superior a 9 no pueden ser usadas en hidroponía, porque las primeras son demasiado ácidas y las segundas muy alcalinas.

Valores de la escala de pH

pH	Valor
4	Muy ácido
5	Moderadamente ácido
6	Ligeramente ácido
7	Neutro
8	Ligeramente alcalino
9	Moderadamente alcalino
10	Muy alcalino

Las variaciones del pH están determinadas por los elementos químicos que componen o integran las soluciones.

La determinación del pH se efectúa con potenciómetros (peachímetros), o bien con indicadores que varían su coloración según la concentración hidrogeniónica.

Escala de la acidez o alcalinidad de una solución

Muy ácida	pH 4 o menos	Jugos gástricos (2.0)
		Limón (2.3)
		Vinagre (2.9)
		Refrescos (3.0)
		Vino (3.5)
		Naranja (3.5)
		Tomate (4.2)
Moderadamente ácida	pH 5	Lluvia ácida (5.5)
Ligeramente ácida	pH 6	Leche de vaca (6.4)
Neutra	pH 7	Saliva en reposo (6.6)
		Agua pura (7.0)
		Saliva al comer (7.2)
		Sangre humana (7.4)
Ligeramente alcalina	pH 8	Huevos frescos (7.8)

		Agua de mar (8.0)
		Solución de bicarbonato sódico (8.4)
Moderadamente alcalina	pH 9	Dentífrico (9.5)
Muy alcalina	pH 10 o más	Leche de magnesia (10.5)
		Amoniaco casero (11.5)

Serie de pH apropiados para cada tipo de cultivo

pH	Cultivo
4.5 a 5.5	*Ageratum* blanco, aretusa, árnica, azalea, *blue-bead*, batata dulce, camelia, chaifern, gardenias, helecho miriáceo, lirio carolina, lirio del valle, perlas nacarandas, rosas, verónica, orquídeas
5.5 a 6.0	Azul europeo, bocolia, carraspique, cacahuate, clavel, calceolaria, dalias, guisante de olor, hortensia, lirio, melones, nabo, menta, siempreviva, sandía, polipodio, tomates
6.7 a 7.0	Alhelí, adormidera, azafrán, betabel, begonia, limón, mariposas, menta, maíz, mastuerzo, narcisos, caléndulas, coliflor, crisantemos, chícharo, chile, calabazas, cebolla, espárrago, nabo, naranjo, pasionaria, repollo, zanahoria, espinaca, frijol, fresas, geranio, gladiolos, girasol, habas, jacintos, rábanos, tabaco, tulipanes, violetas
7.0 a 7.5	Alfalfa, algodón, avena, álamos, betabel, cebada, cerezos, clavo de especia, ciruelos, calabazas, durazno, frambuesa, grosellero, manzano, melones, pepinos, peras, papas, papayas, pastos de prado, trigo, uva crespa, vid

Oxígeno

La pobre oxigenación y la inundación del sistema radicular en hidroponía rara vez producen síntomas llamativos en el cultivo, pero sí una disminución en el crecimiento y el rendimiento.

El oxígeno es vital para el funcionamiento radicular y de la planta; muchos cultivos no reciben el máximo de oxigenación dentro del medio de cultivo o en soluciones NFT.

El sistema radicular requiere de oxígeno para la respiración aeróbica, un proceso esencial que libera la energía que necesita para el crecimiento radicular.

El requerimiento de oxígeno por la planta se conoce desde 1968 y algunos estudios se hicieron en la década de 1920.

Sin embargo, fue hasta el desarrollo de los sistemas hidropónicos comerciales que se hicieron observaciones detalladas sobre el efecto del oxígeno disuelto en la solución, el cual se provee a las plantas con los nutrientes y el agua.

Las raíces saludables, con buen suministro de oxígeno, son capaces de absorber los iones de la solución de forma más selectiva.

La energía metabólica que se requiere para este proceso se obtiene de la respiración radicular, que es inhibida por la falta de oxígeno que reduce la permeabilidad de las raíces al agua y provoca una acumulación de toxinas.

El daño por carencia o poca cantidad de oxígeno en la zona radicular tiene muchas formas que difieren en la severidad de acuerdo con la especie.

Frecuentemente, el primer signo de una inadecuada oxigenación es el marchitamiento de la planta al mediodía, cuando los niveles de temperatura y luminosidad son los más altos.

Este marchitamiento está acompañado por una disminución en la fotosíntesis y transferencia de carbohidratos. Si la falta de oxigenación continúa, las raíces morirán y la planta no se desarrollará.

5 Sanidad

ENFERMEDADES NUTRICIONALES

Para un desarrollo idóneo de las plantas tiene que haber una ausencia de enfermedades, pues éstas evitan que las plantas alcancen su desarrollo óptimo. De esta manera, su control debe ser un factor importante desde la siembra o trasplante hasta la cosecha. Las enfermedades representan pérdidas para el productor, pues la inversión no se recupera, los insumos se pierden y los costos aumentan.

Asimismo, las causas de enfermedades son diversas; a continuación se presentan las principales.

Síntomas de deficiencia de algunos elementos

Deficiencia de	Síntomas
Nitrógeno	Planta desmedrada y con mal desarrollo, de altura baja, hojas pequeñas y raquíticas; entrenudos cortos. Las hojas se vuelven de color verde amarillento y, posteriormente, completamente amarillas. Por lo general, los nervios de las hojas toman un color purpúreo. Las flores son más pequeñas de lo normal. Las raíces con frecuencia tienen mayor desarrollo que la parte aérea. La deficiencia se presenta en un inicio en las hojas inferiores.

(continuación)

Deficiencia de	Síntomas
Fósforo	Las hojas se ponen amarillas en los márgenes. Muerte y caída gradual de las hojas de la parte inferior de la planta. Desarrollo imperfecto. Sistema radicular deficiente.
Potasio	Amarillamiento de los márgenes de las hojas en el primer periodo, seguida de color castaño o la muerte de esas zonas amarillas. Aparecen posteriormente manchas en los nervios. Las plantas son más susceptibles a los insectos y enfermedades. La deficiencia se presenta en las hojas inferiores.
Hierro	Clorosis, amarillamiento del follaje, inicialmente en la parte superior de la planta. Retraso del crecimiento. En las últimas fases, las hojas cloróticas se queman intensamente, empieza en la punta y los márgenes, y luego se extiende hacia el interior.
Magnesio	Planta desmedrada. Clorosis. Los nervios permanecen verdes, en tanto que las áreas intermedias se vuelven amarillas. Las hojas se arrugan. Esta deficiencia se manifiesta primero en las hojas de la parte inferior de la planta. Hojas pequeñas. El pecíolo de las hojas es corto. En las últimas fases aparecen regiones muertas entre los nervios de las hojas. La floración se retrasa y presenta un mal color.
Calcio	Casi todas las raíces alimenticias mueren. Planta muy desmedrada. Mueren el extremo de la planta y los extremos de las hojas superiores.
Manganeso	Clorosis. Color verde amarillento entre los nervios y el resto de la hoja de color verde oscuro. Esta deficiencia aparece primero en la parte superior de la planta. Plantas algo raquíticas. Las hojas tienden a abarquillarse en los márgenes, hacia el envés.

Azufre	La deficiencia se manifiesta primero en la parte superior de la planta. Clorosis, que difiere de los otros tipos, ya que los nervios toman color amarillo, mientras que el resto de las hojas permanece verde. La planta toma menor altura. En la base de las hojas aparecen manchas purpúreas de tejido muerto.
Zinc	En las gramíneas, las hojas asumen una coloración clorótica que se manifiesta bajo forma de estrías amarillo claro, con estriados blancos interpuestos. En las papas, se puede sospechar la deficiencia si las plantas son pequeñas y las hojas más altas asumen una posición vertical, mientras los márgenes se ondulan hacia lo alto.
Cobre	Los vegetales con esta deficiencia presentan manchas blancas, acompañadas de decoloración amarillenta en los márgenes foliares. Se detiene el desarrollo del tallo y de los brotes laterales.

Consideraciones sobre los excesos

El exceso de nitrógeno conlleva a perturbaciones patológicas, de no menor importancia que las que aparecen por carencia. Generalmente, todas las plantas manifiestan un desarrollo excesivo, que disminuye notablemente la resistencia mecánica. Los órganos vegetativos se desarrollan con disminución de los reproductivos; se puede dar la caída prematura de las flores y de los frutos.

El fósforo en exceso provoca el aumento de la tasa acidimétrica del jugo celular y, por consiguiente, la movilidad del hierro y del calcio. Un exceso de azufre se manifiesta en las hojas con jaspeados amarillo broncíneo y áreas secas.

El exceso de calcio limita la disponibilidad de hierro; en las plantas aparecen manifestaciones de clorosis por carencia del ion Fe^{++}. Por exceso de magnesio, se dan profundas perturbaciones de crecimiento, con reducción del poder óxidorreductivo.

Por exceso de bromo, se pueden verificar fenómenos de intoxicación. Entre las alteraciones que se manifiestan en caso de exceso de manganeso, la más evidente es la inmovilización del hierro, que más tarde provoca manifestaciones por carencia.

PLAGAS

Las plagas que más se presentan en los cultivos hidropónicos son los insectos de diferentes tipos. Entre éstos, son muy frecuentes los gusanos o "cuncunas", es decir, los hijos de las mariposas que nacen cuatro o cinco días luego de que éstas han puesto sus huevos.

Otra plaga bastante común y dañina son los pulgones o áfidos, que se presentan sobre todo en los periodos secos y calurosos, aunque también los hay en otras épocas.

Asimismo son importantes los daños causados por las babosas o caracoles, que abundan en las épocas lluviosas y frías, cuando el área de la huerta permanece húmeda por mucho tiempo.

Sólo son activos durante la noche y se esconden al amanecer, por lo que temprano, en la mañana, hay que tratar de ubicarlos en los sitios oscuros y protegidos, cerca de los contenedores.

En las huertas, en las cuales se usa cáscara de arroz como sustrato, son frecuentes los daños causados a las plántulas por los pájaros que llegan en búsqueda de granos.

En las huertas, además de los insectos dañinos, existen otros insectos y animales que no causan daño, al contrario, se alimentan de los huevos, las larvas y hasta de los adultos de los insectos plagas. Entre estos insectos o animales benéficos es común encontrar a las llamadas chinitas o mariquitas, al matapiojos o *Chrysopha*, avispas y hasta lagartijas, cuyo alimento son los insectos dañinos.

A estos animales, en vez de espantarlos o eliminarlos, hay que protegerlos, pues son valiosos aliados para la eficiente realización de los cultivos hidropónicos.

Los insectos que suelen atacar a los cultivos causan diferentes tipos de daño, según sea el hábito alimenticio que tengan; básicamente, se clasifican en insectos masticadores, chupadores y minadores.

Principales plagas por especie

Pimiento y chile

Estas especies hortícolas pertenecen a la misma familia, razón por la cual se ven afectadas por las mismas plagas. La plaga más frecuente en estos cultivos son los pulgones, específicamente el pulgón verde del duraznero (*Myzus persicae*).

Estos pulgones son insectos pequeños de 1 a 2 mm, de color verde y se caracterizan por vivir agrupados en colonias; se concentran en el dorso de las hojas, y muchas veces pasan inadvertidos.

Estos insectos se alimentan al succionar la savia elaborada por la planta, por lo que se obtiene como resultado plantas mustias y débiles. Una vez finalizada su alimentación, los pulgones eliminan sus desechos sobre la epidermis de las hojas, lo que causa la aparición de fumagina.

A pesar de ser controlados por depredadores y parásitos beneficiosos, comúnmente es necesario controlarlos con insecticidas.

Control biológico. Una alternativa es colocar tiras de papel plateado sobre las plantas, pues repelen a los pulgones en vuelo. Otra es eliminar los pulgones con la ayuda de un pincel; para esto es necesario revisar periódicamente el envés de las hojas de los cultivos.

Control químico. Consultar al ingeniero agrónomo.

Lechuga

Varias plagas suelen atacar este cultivo, las más importantes son el pulgón verde del duraznero (*Myzus persicae*) y el minador de las chacras (*Liriomyza huidobrensis*).

Los minadores se caracterizan por hacer galerías entre la cutícula y la epidermis de las hojas; a simple vista, parecen algo así como caminos sinuosos, lo que deprecia el valor del producto.

Control químico. Acudir con el ingeniero agrónomo.

Coliflor, brócoli, col y col de Bruselas

Estas especies hortícolas se caracterizan porque pertenecen a la misma familia, razón por la cual se ven afectadas por las mismas plagas; entre las más importantes destacan el pulgón de las crucíferas, el gusano medidor del repollo y la polilla de las crucíferas.

El pulgón de las crucíferas (*Brevicoryne brassicae*) es una plaga clave, ya que se presenta todas las temporadas y afecta a las plantas y a sus productos.

Se caracteriza por ser similar al *Myzus persicae* en tamaño, pero difieren en la coloración, ya que el primero es de un color grisáceo y el segundo es verde.

El gusano medidor de la col, el *Trichoplusia ni*, provoca daños a nivel de hojas y en las cabezuelas de los productos, en donde se aprecian agujeros.

La polilla de las crucíferas (*Plutella xylostella*) presenta larvas verde-amarillas, y miden poco más de un centímetro; daña las hojas del cultivo haciéndoles agujeros.

Control químico. Consultar al ingeniero agrónomo.

Tomate

La plaga de mayor importancia es la polilla del tomate, *Scrobipalpuloides absoluta*, considerada clave por su alta frecuencia y las pérdidas de fruto que ocasiona.
El estado larval de la polilla es la que causa el daño; llega a medir hasta 7.5 mm y se alimenta principalmente de hojas nuevas y frutos.

En las hojas deja manchas claras que luego se tornan color café; los frutos aparecen con pequeños orificios, manchas oscuras bajo la superficie o lesiones negras.

Control químico-biológico. Consultar al ingeniero agrónomo.

Melón

Dentro de las plagas que afectan a este cultivo destacan las siguientes:

a) Los gusanos cortadores (*Agrotis* spp) capaces de cortar plántulas poco después de la emergencia. A veces muerden los frutos antes de la cosecha.

b) El pulgón del melón (*Aphis gossypii*) y otros áfidos trasmiten enfermedades virosas que se manifiestan como manchas sobre los frutos.

c) El barrenador del maíz, *Elasmopalpus angustellus*, muerde la superficie del fruto (melón), con lo cual daña su presentación.

d) Otra plaga de menor importancia son las arañas (*Tetranychus urticae* y *cinnabarinus*), que aparecen comúnmente en verano sobre la cara inferior de las hojas (envés) y no afectan los rendimientos.

Control químico. Acudir con el ingeniero agrónomo.

Pepino

El gusano minador (*Liriomyza sativae*) ataca este cultivo y su daño se caracteriza por galerías en hojas de plantas jóvenes. **Control químico.** Acudir con el ingeniero agrónomo.

Empleo de productos fitosanitarios

Los productos fitosanitarios son productos químicos biológicamente activos, que se han probado de manera científica antes de ser autorizados para su empleo en la agricultura.

Si se utilizan de forma incorrecta pueden resultar perjudiciales para los animales y el medio ambiente, por lo que para su uso y manejo es necesario seguir al pie de la letra las instrucciones de la etiqueta.

La persona que los manipula y aplica, debe usar obligatoriamente equipo de protección personal: guantes de goma, respirador con filtro y protector facial.

Control natural

Hay algunos insectos que son especialmente eficientes para controlar plagas, como las "chinitas" y las microavispas.

Las "chinitas" son excelentes comedoras de pulgones, sobre todo en estado de larvas; la misma función desempeñan los sírfidos (llamados también moscasabejas) y los afidoletes.

Las microavispas son peque-
ñas avispas que ponen sus huevos
en el interior de los pulgones o en
algunas larvas dañinas (gusanos),
y cuando nacen se alimentan del
huésped.

En la naturaleza hay miles de
ejemplos como los anteriores; se
recomienda en lo posible evitar el
uso de tóxicos para matar los insectos dañinos porque también morirán los benéficos.

Como regla de oro, hay que estimular el control natural de las plagas, porque es el único permanente e inocuo para las personas.

ENFERMEDADES POR HONGOS Y BACTERIAS

Parece razonable suponer que la incidencia de las enfermedades causadas por hongos y bacterias en un sistema hidropónico serán mínimas con respecto a los cultivos que crecen en el suelo. No obstante, muchas enfermedades que están ligadas a ciertos desórdenes nutritivos o, incluso, a determinadas condiciones medioambientales pueden manifestarse con distinta intensidad.

En general, admitiendo que las plantas reciben una nutrición más equilibrada en hidroponía, se puede afirmar que están mejor preparadas frente a la posibilidad de ser infectadas por patógenos.

Las contaminaciones, según su potencial de infección, se pueden dividir en: puntuales, capaces de afectar un número reducido de plantas; generales, que pueden afectar todo el cultivo.

El grado de facilidad que encuentra un patógeno para colonizar el medio de cultivo dependerá de las condiciones del medio, la forma de diseminación del patógeno y el sistema hidropónico empleado. Las fuentes de inóculo más comunes son:

Agua. Cuando los contenedores que se utilizan para almacenarla no están cubiertos o reciben el agua por medio de canalizaciones abiertas pueden contaminarse. Asimismo, cuando se recoge el agua de lluvia del techo del invernadero, para utilizarla en el riego de los cultivos, se pueden introducir patógenos en el cultivo.

Viento. Produce contaminaciones puntuales, pues deposita el inóculo en el medio de cultivo; y también generales, al depositarlo en la balsa de riego o en el techo de los invernaderos.

Labores de poda. En las labores de recolección y limpieza, realizadas por operarios, cuando no se toman medidas preventivas de desinfección.

Herramientas de trabajo. Pueden causar contaminación, por lo que se recomienda desinfectarlas de forma periódica y no introducir las de otros huertos.

Suelo. Cuando se emplean sustratos materiales de origen natural que no sufren procesos que aseguren su desinfección. Sólo los materiales que se someten a altas temperaturas, incluso superiores a $1000\,°C$, en el curso de su fabricación, se puede afirmar que están exentos de microorganismos patógenos.

Pero esto es únicamente cierto al terminar el proceso de fabricación puesto que, una vez instalados en el campo, se pueden contaminar.

Los hongos del suelo que ocasionan las enfermedades más comunes son:

- *Pythium* spp
- *Phytophthora* spp
- *Fusarium oxysporum* f. spp *radicis lycopersici*
- *Fusarium oxysporum* f. spp *melonis*
- *Fusarium oxysporum* f. spp *lycopersici*

DESINFECCIÓN DE LOS SUSTRATOS

Sólo cuando se tiene la certeza de que un sustrato está contaminado y, de conocerse la técnica de desinfección que requiere, se debe desinfectar el sustrato. No es aconsejable desinfectar sistemáticamente el sustrato, pues al hacerlo se destruye toda la vida microbiana, tanto beneficiosa como perjudicial.

Métodos de desinfección

Si es necesario desinfectar un sustrato, el método más eficaz es aplicar vapor de agua de 95 a 100 °C, durante 5 minutos, o de 80 a 90 °C, durante 15 minutos.

La aplicación de químicos también se utiliza mucho. Si hay que desinfectar material o herramientas, se puede utilizar cloro. Para desinfectar las estructuras y plásticos del interior del invernadero, se puede emplear una solución de formol de 3 a 5 por ciento.

LEYES, NORMAS Y REGLAMENTOS

Como sucede con todo tipo de alimento destinado a consumo humano, las autoridades sanitarias emiten leyes para reglamentar la producción y la sanidad de estos productos. A continuación se citan las leyes o normas que se han emitido en México, con la finalidad de reglamentar esta actividad.

Documento	Asunto
Ley General de Salud	Establece lineamientos para la protección contra riesgos sanitarios
Ley Federal de Sanidad Vegetal	Regula y promueve la sanidad vegetal

(continuación)

Documento	Asunto
NOM-017-STPS-2008	Equipo de protección personal -Selección, uso y manejo en los centros de trabajo
NOM-003-STPS-1999	Plaguicidas y fertilizantes
NOM-EM-034-FITO-2000	Requisitos y especificaciones para la aplicación y certificación de buenas prácticas agrícolas en los procesos de producción de frutas y hortalizas frescas
Reglamento General de Seguridad e Higiene en el Trabajo	Establece normas de seguridad para las zonas de trabajo

6 Manejo del negocio

INTRODUCCIÓN

Es necesario definir lo que se desea o puede hacer. Así sea algo tan sencillo como buscar una producción meramente familiar, sin mayores inversiones y cuidados. Pero, en caso de que se identifique alguna oportunidad de mercado hay que considerar la posibilidad de aprovecharla. De este modo, se reconoce como emprendedor a quien sabe descubrir e identificar una oportunidad de negocios en concreto. Entonces, se podrá organizar o conseguir los recursos necesarios para comenzarla y llevarla a cabo.

Para sobresalir como un emprendedor exitoso se deben reunir varias características de gran importancia, entre ellas destacan:

- *Pasión.* Es la fuerza interna que impulsa hacia adelante, pase lo que pase.
- *Visión.* Capacidad de fijar el rumbo que se debe seguir.
- *Capacidad de aprendizaje.* Hay que aceptar que no se conoce todo, pero que al aprender se sabe cada vez más. Esta actitud es necesaria para no volver a cometer los mismos errores, pues de ellos también se aprende.
- *Orientación y búsqueda de resultados.* Siempre evaluar para saber si hay buenos resultados parciales.

$$\boxed{\text{Pasión}} + \boxed{\text{Visión}} + \boxed{\begin{array}{c}\text{Capacidad}\\\text{de aprendizaje}\end{array}} + \boxed{\begin{array}{c}\text{Orientación}\\\text{y búsqueda}\\\text{de resultados}\end{array}} = \boxed{\begin{array}{c}\text{Emprendedor}\\\text{exitoso}\end{array}}$$

Además, parte del proceso de aprendizaje es aprender de los propios errores. Sin embargo, son ocho las que comete al inicio el emprendedor.

1   Falta de preparación

2   Falta de coraje

3   Capital muy limitado

4   Muchos costos fijos

5   No corregir los errores a tiempo

6   Falta de personal idóneo

7   Falta de equipo

8   Falta de equipo

Para llevar adelante un negocio es necesario contar con una serie de herramientas que nos permitirán controlarlo mejor, así como sacarle el mayor provecho. Se trata, básicamente, de cuestiones administrativas, las cuales comentaremos brevemente.

ADMINISTRACIÓN

En todo negocio debe haber una organización en todas sus actividades, y aquí es donde la administración se convierte en una herramienta indispensable. A grandes rasgos, se considera que ésta es el proceso que permite planear, organizar y controlar las actividades necesarias para sobresalir en un negocio. Cuida, asimismo, de los recursos disponibles.

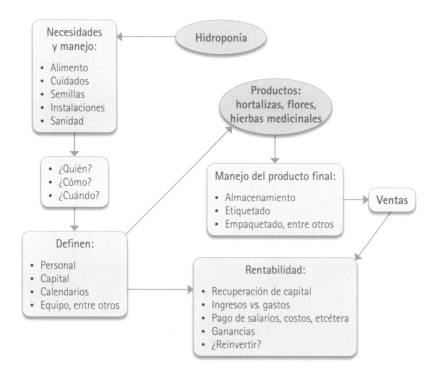

Una vez con una idea en concreto y verificada la posibilidad de llevarla a cabo, lo siguiente es establecer los pasos que se deben seguir para conseguir el producto. Por ejemplo, para obtener las hortalizas se deben tener tanto las semillas como la solución nutritiva. Sin embargo, hay que considerar una serie de pasos previos concretos, para lo cual conviene contestar algunas preguntas:

- ¿Con qué comprar?
- ¿Cuándo comprar?
- ¿Cuánto comprar?
- ¿Dónde comprar?
- ¿Dónde guardar?
- ¿Quién trabaja?

Las respuestas nos permiten, por ejemplo, establecer necesidades de capital para una fecha en concreto y una calendarización de compras; solicitar presupuestos en necesidades concretas; definir actividades por realizar, etcétera.

Lo anterior se refiere al proceso previo a la obtención de plantas ornamentales, pero deben aplicarse las mismas consideraciones en los casos de su venta. Hay que hacerse las mismas preguntas, con la intención de poder establecer actividades y calendarios que nos permitan administrar mejor el negocio.

La administración debe ser una actividad diaria, pues no se trata solamente de planear, sino que también hay que supervisar para darse cuenta si lo planeado da resultados o si ha surgido alguna eventualidad que afecte al negocio. En tal caso, habrá que aplicar medidas urgentes que permitan continuar con la producción planeada.

Además, la administración se apoya en el proceso administrativo: conjunto de fases o etapas sucesivas a través de las cuales se efectúa ésta. Cada una de ellas se interrelaciona con las otras, formando un proceso integral; a continuación, se citan y se definen:

- *Previsión.* La previsión administrativa se apoya en experiencias pasadas, propias o ajenas.
- *Planeación.* Establece los principios para orientar las operaciones y los tiempos necesarios para su realización.
- *Organización.* Determina la estructura para aplicar los recursos, al agrupar actividades por realizar.
- *Integración.* Reúne los elementos humanos y materiales necesarios que la organización y la planeación han indicado.
- *Dirección.* Vigila la puesta en marcha de los planes establecidos, en cuanto a recursos y tiempos.
- *Control.* Consiste en la evaluación y medición de la ejecución de los planes, para detectar y prever dificultades, así como para establecer las medidas correctivas necesarias.

Previsión — Planeación — Organización — Integración — Dirección — Control

Costos

Parte de la administración exige que todo se anote, se registre y se apunte. No hay que dejar las cosas a la memoria, pues con el tiempo se olvidan. Esto se relaciona, en especial, con los gastos, que es el dinero que se destina para la adquisición de lo necesario para que el negocio siga adelante. En este caso particular, los costos están representados por la compra de equipo, soluciones, semillas, etcétera.

Cabe aclarar que hay gastos fijos y gastos variables. Los primeros se refieren a los que son constantes (como la electricidad), mientras que los segundos tienen que ver con los gastos de tipo eventual (papelería, permisos, etc.).

Precio de venta

Se considera que el precio de venta de un producto se determina al sumar los costos de las materias primas, los procesos de producción y los costos administrativos, lo que determinará el costo de producción, a éste se le suma la ganancia esperada del producto. Sin embargo, existen otros elementos.

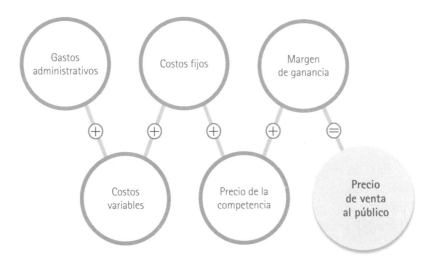

El precio de venta debe ser tal, que permita recuperar los gastos generados, dar una ganancia razonable, pero que no deje al producto fuera de mercado, es decir, con un precio que sea prohi-bitivo, que aleje al comprador y lo haga preferir otros productos.

Ingresos

Se refieren al dinero que se recibe por la venta de un produc-to o servicio. En este caso, el ingreso principal está representado por las hortalizas.

Rentabilidad

Ésta se refiere a la capacidad que tiene un negocio para gene-rar suficientes utilidades o ganancias. Éstas ultimas se establecen al restarle los costos a los ingresos; tal diferencia puede ser posi-tiva o negativa. Es positiva cuando los ingresos son mayores que los costos (ganancias), es negativa cuando los costos son mayo-res que los ingresos (pérdidas).

Aun cuando se trate de un negocio familiar, todo el esfuerzo y los materiales invertidos deben rendir resultados positivos. Si apenas se comienza como negocio, hay que buscar el punto en el que las ventas sean suficientes como para cubrir los gastos, como mínimo, esperando que a la brevedad posible aumenten lo más que se pueda.

Todo depende de los objetivos que se hayan definido al prin-cipio; en este caso, la venta de hortalizas.

Contabilidad

Es una serie de métodos que nos permite conocer el estado fi-nanciero (es decir, el resultado de las pérdidas y ganancias de una empresa por un periodo determinado) de un negocio, además de controlar las finanzas (intercambios de dinero de la empresa, entradas y salidas). También permite recopilar la información fi-nanciera para conocer si un negocio es rentable, si sobrevivirá y dará beneficios.

La contabilidad es muy útil como herramienta de control de gastos y planificación, ya que tiene como un fin optimizar los recursos (dinero) y reducir los gastos. Incluso en las grandes empresas es necesario llevar el estado de cuenta de pérdidas y ganancias, el balance y un informe anual.

Con esto, se pueden establecer los presupuestos y objetivos de rendimiento (ganancias que permite obtener cierta operación) para planificar el próximo año comercial.

Punto de equilibrio

Es una de las herramientas de la contabilidad; volumen de ventas (piezas) por el que los ingresos son iguales a los costos, es decir, es el punto en donde no existe utilidad (ganancias), ni pérdida, o sea, las ventas son iguales a los costos.

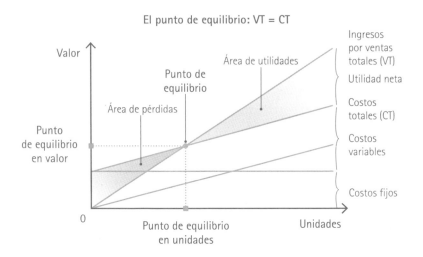

Cuando una empresa está en el punto de equilibrio no se obtienen beneficios, es decir, la empresa no gana dinero, pero tampoco lo pierde, sino que solamente se han recuperado los gastos de operación y los costos de producción.

Este punto de equilibrio nos permitirá conocer, entre otros aspectos, la viabilidad de un proyecto (cuando la demanda supera nuestro punto de equilibrio). Ya determinado, podremos saber cuánto se necesita vender para alcanzarlo, o saber cuánto debe venderse para generar determinada utilidad.

Si la empresa conoce de antemano este punto de equilibrio, podrá determinar con certeza el nivel de ventas necesario para cubrir todos los gastos y comenzar a obtener ganancias. Por el contrario, si las ventas realizadas no lo alcanzan, la empresa tendrá pérdidas monetarias.

Fórmula del punto de equilibrio

$$PE = \frac{CF}{P - CV}$$

CF: costos fijos
P: precio unitario
CV: costos variables unitarios

Los costos fijos son aquellos que debemos cubrir independientemente de que el negocio funcione o no, como la renta de las oficinas, el pago de servicios (la energía eléctrica o telefonía). Este tipo de costos se conocen como fijos porque no importa si se vende o no; son gastos que habrá que cubrir.

Los costos variables se refieren, principalmente, a las materias primas utilizadas en la producción de los artículos que venderemos. Estos costos son variables porque dependen de la cantidad de productos por fabricar, ya que entre mayor sea la producción, mayores serán los costos de las materias primas.

7 Profesionalización

Resulta evidente que para que un negocio crezca y prospere se necesita de personal que sepa qué debe hacer, cómo, cuándo y con qué. De otra manera, las cosas no salen como es debido, independientemente de cuál sea el negocio. Por ello, se habla de profesionalización, que es el proceso y el resultado de convertir una actividad o alguna afición en una profesión. Como parte de este proceso se encuentra la capacitación, que es una herramienta que permite preparar, desarrollar e integrar a las personas dentro del negocio. Se busca que, al brindarles conocimientos, desarrollen habilidades y actitudes que mejoren su desempeño en alguna actividad en particular.

Además, para que la capacitación sea exitosa debe cumplir con los siguientes pasos:

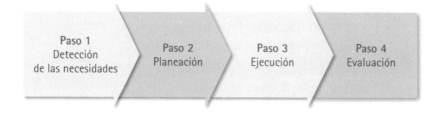

Paso 1
Detección
de las necesidades

Paso 2
Planeación

Paso 3
Ejecución

Paso 4
Evaluación

El primer paso es primordial, pues hay que saber qué les falta conocer a las personas para que desarrollen bien sus labores. De aquí se organizan los demás pasos. La planeación permite anticipar toda actividad y materiales necesarios, en consecuencia, la capacitación es eficaz.

Los medios que emplea la capacitación para cumplir la parte de ejecución son muy variados: desde la capacitación personal a la grupal, por medio de libros, videos, conferencias, apuntes, etcétera.

Las técnicas que se emplean en la capacitación se pueden agrupar de la siguiente manera:

Técnicas individuales. Son aquéllas en los que la relación que sobresale es la de tipo interpersonal, es decir, entre el técnico y un productor. Se pueden citar técnicas como la consulta telefónica, la consulta en oficina, la visita predial, la asistencia técnica y el asesoramiento.

Técnicas grupales. Algunos de los recursos utilizados con mayor frecuencia son dramatizaciones, cuchicheos o diálogos simultáneos, pequeños grupos de discusión, confluencias, consensos, lluvias de ideas, talleres, recorridos de campo, guías didácticas, cartillas de establecimiento y rondas de novedades.

Técnicas para grandes grupos. En muchas ocasiones es necesario realizar actividades dirigidas a un grupo enorme de personas, a un público masivo.

En primer lugar, se encuentran las que se agrupan según su objetivo. Incluyen paneles, simposios, conferencias, visitas, reuniones, charlas, tranquera abierta, cartillas, folletos, casetes, foros. En segundo término, se hallan las que se integran según su inclusión en una secuencia. Así, técnicas como paneles, conferencias, reuniones abiertas, ferias y concursos pueden servir como motivadoras para que los actores sociales observen, se informen sobre distintas situaciones de cambio y, a partir de allí, comiencen a participar en un proceso de extensión. Otras, como las asambleas, las demostraciones, las jornadas, sirven para analizar y profundizar temáticas y, también, para realizar procesos de evaluación e intercambio.

Actualmente, con el desarrollo de Internet es posible mantenerse actualizado por medio de la información que aportan instituciones públicas y privadas, por ejemplo la página web de la Secretaría de Agricultura, Ganadería, Desarrollo Rural, Pesca y Alimentación (Sagarpa). En esta página es posible encontrar noticias, artículos y referencias a otras páginas de interés.

Es muy importante mantenerse al día en cuanto a tecnología, materiales, leyes y nuevos productos, con respecto al negocio elegido. Además, como la computadora y sus herramientas permiten que las personas tengan contacto social constante y acceso a múltiples tipos de conocimientos, es necesario contar con los conocimientos necesarios para su manejo.

Glosario

Absorción. Es la penetración de un líquido en un material poroso con el que esté en contacto.

Adiantum. Es un género de helechos de la familia Adiantáceas, caracterizado por la presencia de hojas basales, pecioladas, glabras y divididas en pinnas flabeladas.

Aeróbico. Que suministra o facilita la entrada de oxígeno.

Almácigo. Es el dispositivo donde germina la semilla y transcurren las primeras fases del desarrollo de una planta hasta ser trasplantada al lugar definitivo.

Aridez. Concepto climático que define situaciones de escasez de agua.

Autoconsumo. Es el empleo de un bien o servicio para satisfacer necesidades de quien lo ha producido directamente.

Betarraga. También llamado betabel.

Biomasa. Materia total de los seres que viven en un lugar determinado, expresada en peso por unidad de área o de volumen.

Capacidad amortiguadora. Es la capacidad de amortiguamiento a cambios de pH.

Chacra (Am.) Granja. Pequeña finca rural dotada de vivienda y terreno para el cultivo y la crianza de animales domésticos.

Chapodar. Acción de podar un árbol para evitar que eche muchas hojas y dé pocos frutos.

Ciboullet. Es otro nombre que se le da a la cebolla china.

Ciclo. Tiempo que, una vez terminado, se inicia y vuelve a contar.

Clima. Conjunto de condiciones atmosféricas o meteorológicas (temperatura, humedad, viento, etc.), que tipifican a una región.

Coextrusado. Proceso que permite unir varias capas para formar películas resistentes.

Concentración de una solución. Es la proporción o relación que hay entre la cantidad de la sustancia que se disuelve y la cantidad de la sustancia que la disuelve.

Conductividad. Propiedad de los cuerpos que permite el paso a través de sí de calor o electricidad.

Conservación. Conjunto de políticas y actitudes que tratan de evitar la degradación de los ecosistemas naturales.

Cosechar. Acción de desprender el fruto de la planta, con el objetivo de aprovecharlo.

Cucurbitáceas. Plantas típicamente trepadoras por zarcillos, como las calabazas, pepinos y melones, entre otros.

Cultivar. Practicar labores de beneficio a la tierra y a las plantas, para que se desarrollen y fructifiquen.

Cultivo. Todo tipo de especie vegetal cultivada en un campo, con fines económicos.

Densidad. Relación existente entre la cantidad de individuos y la superficie de un lugar.

Días entre siembra y cosecha. Son los días que la planta pasa en el cultivo antes de poder cosecharse, van desde que se colocó la semilla hasta que se cosecha el fruto.

Días entre siembra y trasplante. Son los días en los que la plántula tiene que pasar en el germinado cuando el tipo de siembra que se realiza es indirecto.

Distancia entre hileras. Distancia que hay entre cada hilera de hortalizas, que por lo regular es de 35 centímetros.

Distancia entre plantas. Separación entre planta y planta en el momento de la siembra o trasplante. Por lo regular es de 10 a 20 centímetros.

Duración de cosecha. Días que se tarda en realizar la cosecha completa de todo el producto; depende de la madurez del fruto o del tipo de hortaliza.

Ecosistema. Complejo dinámico de comunidades de organismos y su medio físico, interactuando como una unidad funcional, en un espacio determinado.

Época de siembra. Fecha conveniente para sembrar.

Estrés hídrico. Marchitamiento de las plantas por falta de agua.

Evapotranspiración. Pérdida de humedad por evaporación directa.

Fertirrigación. Procedimiento que permite aplicar al mismo tiempo agua y fertilizantes por medio del sistema de riego.

Filtrar. Acción de pasar un líquido por un filtro para retener alguno de sus componentes.

Formaldehído. Conocido también como formol; es un químico que se usa como desinfectante.

Germinación. Proceso que permite que una semilla se desarrolle hasta convertirse en una planta.

Guisante. Sinónimo del chícharo.

Herbicida. Sustancia que se utiliza para destruir, controlar o evitar el desarrollo de malezas en un cultivo.

Hidroponía. Cultivo de plantas que tienen las raíces sumergidas en una solución acuosa que contiene los nutrientes necesarios para su desarrollo.

Hongo. Organismo vegetal que comprende bacterias, fermentos y diversos mohos, sin clorofila, carece de algún color específico y es de tamaño muy variable.

Hortaliza. Planta comestible para el hombre, que se cultiva en las huertas y que no pasa por alguna transformación en una o más de sus partes (raíces, hojas, frutos, bulbos, tubérculos).

Intemperismo. Daño que se produce en aquello que se haya expuesto directa y permanentemente a la intemperie.

Invernadero. Lugar cubierto en el que se crea un clima adecuado para el cultivo de plantas fuera de su ámbito natural.

Irrigación. Aplicación del riego a un terreno.

Legumbre. Fruto seco que se desarrolla en una vaina.

Lulo. Planta perenne subtropical del noroeste de América del Sur, conocida también como naranjilla.

Maicillo. En Chile, piedrecilla de color amarillento que se usa para cubrir senderos, caminos y lugares por donde transitan personas.

Mercado. Cualquier lugar que tenga como objeto poner en contacto a compradores y vendedores para realizar transacciones y establecer precios de intercambio.

Método de raíz flotante. En este caso, la raíz permanece cubierta de agua con la solución de nutrientes, la raíz mojada y la planta afuera del recipiente o dispositivo para cultivar las plantas.

Método NFT (Nutrient Film Technique). Es la técnica de la película líquida de solución nutritiva.

Método NGS (New Grow System). Es el sistema de cultivo hidropónico sin sustrato. Se trata de una cama formada por películas de plástico que forman varios canales.

Nave. Es la base de la estructura principal de invernaderos.

Nutrientes. Sustancias contenidas en los alimentos que les sirven a los organismos para obtener energía, crecer, mantenerse en buen estado de salud y regular sus funciones.

Orujo. Materia sólida que queda después del prensado de uvas, aceitunas u otras frutas para extraer los líquidos resultantes. Hollejo de la uva, cáscara.

Parcela. Terreno pequeño que por lo general mide entre una y tres hectáreas.

Patógeno. Contaminante que llega por medio de pesticidas o fertilizantes a la tierra.

pH. Medida que indica la acidez o la alcalinidad de un elemento.

Plaga. Abundancia de algo nocivo o dañino. Conjunto de insectos, ácaros o animales vertebrados, que dañan a los cultivos.

Plaguicida. Sustancia o compuesto químico que sirve para combatir a los parásitos que atacan a los cultivos.

Plantar. Sembrar o colocar una planta o parte de ella en la tierra para que se desarrolle.

Planta. Ser vivo fotosintético sin capacidad locomotora; cuya pared celular se compone principalmente de celulosa.

Plántula. Planta joven, al poco tiempo de brotar de la semilla.

Policultivo. Cultivo de cosechas múltiples en la misma superficie.

Poliestireno. Producto sintético que se usa principalmente en la fabricación de lentes plásticas y aislantes térmicos y eléctricos.

Regar. Aplicar el riego al suelo por cualquier medio. Esparcir o desparramar alguna cosa.

Salinidad. Contenido de sal disuelta en un elemento.

Sembradío. Terreno que se dedica a la siembra y cuenta con plantas sembradas.

Semilla. Producto del óvulo fecundado y envuelto por una cubierta protectora, la cual da origen a una nueva planta al momento de sembrarse.

Semillas por gramo. Número de semillas que hay en un gramo del producto.

Siembra. Acción de arrojar y esparcir semillas en un terreno preparado para que germinen.

Sifonaje. Proceso para extraer líquidos de una cavidad con un tubo, y en el que se utiliza la presión atmosférica.

Solución. Mezcla homogénea a nivel molecular o iónico, de dos o más sustancias.

Soluciones nutritivas. Soluciones de las sales que se prepararán para hidratar las plantas.

Suelo. Está compuesto por minerales, materia orgánica, diminutos organismos vegetales y animales, aire y agua. Capa delgada que se ha formado a través de los siglos.

Sustancia. Material homogéneo constituido por un solo componente y con las mismas propiedades en todos sus puntos.

Sustrato. En hidroponía, cualquier tipo de material que sustituye a la tierra en el cultivo de vegetales; puede ser sólido o líquido.

Tecnología. Conjunto de conocimientos, descubrimientos científicos, innovaciones, etc., que se aplican en un proceso productivo.

Temporal. Que pertenece o es relativo al tiempo. Que no es permanente, sino opcional, eventual. También, es la perturbación atmosférica que presenta lluvias persistentes, tormentas y vientos.

Toba volcánica. Roca volcánica formada por la acumulación de cenizas u otros elementos volcánicos muy pequeños. Es ligera y de consistencia porosa.

Trasplantar. Cambiar de lugar alguna planta, sobre todo de plántulas, a otro espacio temporal para que siga desarrollándose, o sea, su lugar de crecimiento definitivo.

Trasplante. Acción que consiste en mover una planta y sembrar-la en otro sitio u objeto.

Verdura. Hortaliza cuya parte comestible es el órgano verde de la planta, como el tallo, la hoja, etcétera.

Bibliografía
recomendada

FAO-SEP, *Administración de empresas agropecuarias*, 4a. ed., Trillas, México, 2017.

____, *Capacitación para la calidad y la capacitación*, 4a. ed., Trillas, México, 2010.

____, *Control de calidad de productos agropecuarios*, 4a. ed., Trillas, México, 2011.

____, *Extensión y capacitación rurales*, 3a. ed., Trillas, México, 2011.

____, *Organización de operaciones agropecuarias*, 4a. ed., Trillas, México, 2016.

Mendoza, N. A., *Capacitación para la calidad y la productividad*, 4a. ed., Trillas, México, 2010.

____, *Manual para determinar necesidades de capacitación y desarrollo*, 5a. ed., Trillas, México, 2005.

Sánchez, L. A., *Planeación estratégica de la capacitación*, Trillas, México, 2001.

Vargas, V. S. A., *Marketing agropecuario*, Trillas, México, 2012.

Direcciones electrónicas útiles

Asociación Hidropónica Mexicana: http://hidroponía.org.mx/
Cámara de Diputados–Normateca: http://www3.diputados.gob.
  mx/camara/001_diputados/012_comisioneslxii/01_ordi
  narias/048_fomento_cooperativo_y_economia_social/13_
  normateca
Hidroponía: http://hidroponia.mx/
Instituto Nacional para el Desarrollo de Capacidades del Sector
  Rural, A. C.: http://www.inca.gob.mx/
Ley de educación agrícola: https://bit.ly/2JoAtM2
Organización de las Naciones Unidas para la Alimentación y la
  Agricultura: http://www.fao.org/home/es/
Red Campo: http://www.redcampo.org/index.html
Secretaría de Agricultura, Ganadería, Desarrollo Rural, Pesca y
  Alimentación: http://www.sagarpa.gob.mx/desarrolloRural/
  Documents/fichasaapt/Hidroponía%20R%C3%BAstica.pdf

Servicio Nacional de Sanidad, Inocuidad y Calidad Agroalimentaria: http://www.senasica.gob.mx/

FACEBOOK

Eventos agrícolas y pecuarios: https://www.facebook.com/groups/eventosagricolasypecuarios/

La publicación de esta obra la realizó
Editorial Trillas, S. A. de C. V.

División Administrativa, Av. Río Churubusco 385,
Col. Gral. Pedro María Anaya, C. P. 03340, México, Ciudad de México
Tel. 56884233, FAX 56041364

División Logística, Calzada de la Viga 1132, C. P. 09439
México, Ciudad de México, Tel. 56330995, FAX 56330870

Esta obra se imprimió
el 14 de enero de 2019, en los talleres de
Diseños e Impresión AF, S. A. de C. V.

B 105 TW ◎